나를 변화시키는
지저스 코칭

위즈덤하우스

나를 변화시키는
지저스 코칭

예수에게 배우는 혁신적인 **자기변화** 기술

KBS 아나운서 김은성 지음

위즈덤하우스

죽음의 문턱에서 부족한 저를 선택하신

사랑하는 어머님께 바칩니다.

CONTENTS

예수는 변화로 이끌어주는 훌륭한 나침반이다

82세의 노인이 52세 된 아들과 거실에 마주 앉아 있었다. 그때 우연히 까마귀 한 마리가 창가의 나무에 날아와 앉았다.

노인이 아들에게 물었다.

"저게 뭐냐?"

아들은 다정하게 말했다.

"까마귀예요. 아버지."

아버지는 조금 후 다시 물었다.

"저게 뭐냐?"

아들은 다시 대답했다.

"까마귀라고요."

노인은 조금 뒤 또 물었다. 세 번째였다.

"저게 뭐냐?"

아들은 짜증이 났다.

"글쎄 까마귀라고요."

아들의 음성에는 아버지가 느낄 만큼 짜증이 섞여 있었다.

그런데 조금 뒤 아버지는 다시 물었다. 네 번째였다.

"저게 뭐냐?"

아들은 그만 화가 나서 큰 소리로 외쳤다.

"까마귀, 까마귀라고요! 그 말도 이해가 안 돼요? 왜 자꾸만 같은 질문을 반복하세요?"

조금 뒤였다. 아버지는 방에 들어가 때가 묻고 찢어진 일기장을 들고 나왔다. 그 일기장을 펴주며 아들에게 읽어보라고 말했다. 거기에는 아들의 세 살적 이야기가 적혀 있었다.

오늘은 까마귀 한 마리가 창가에 날아와 앉았다. 어린 아들은 "저게 뭐냐?" 하고 물었다. 나는 까마귀라고 대답해 주었다. 그런데 아들은 연거푸 23번을 똑같이 물었다. 귀여운 아들을 안아주며 끝까지 다정하게 대답해 주었다. 까마귀라고 똑같은 대답을 23번이나 하면서도 즐거웠다. 아들이 새로운 것에 관심이 생겨 감사했고, 아들에게 사랑을 준다는 게 즐거웠다.

여러분은 이 이야기를 읽으면서 어떤 생각이 드셨나요? 마음속에 잔잔한 감동과 함께 부모님께 무언가를 해드려야겠다는 생각이

들지 않으셨나요? 이 이야기를 읽고 부모님께 안부 전화를 드렸다면 작은 변화가 시작되고 있다는 증거일 겁니다. 이런 미미한 변화들이 모여 결국 인생도 변하게 됩니다. 저는 '늙은 아버지의 질문 이야기'처럼 제 책을 통해 여러분의 삶에 작지만 의미 있는 변화가 생기길 바랍니다.

제가 진행하는 라디오 프로그램 〈세상의 모든 지식〉에서는 사회의 저명인사와 각 분야의 전문가를 만납니다. 하루는 '공부를 잘하는 법'이라는 주제로 방송을 하면서 '공부의 신'이라고 불리는 학생이 출연했습니다. 그 친구는 반에서 거의 꼴찌를 하다가 고등학교 1학년 때 정신을 차리고 공부를 다시 시작해 전교 1등으로 서울대에 갑니다. 그 친구에게 변하게 된 비법을 물었습니다. 그 친구는 자신 있게 '자존감'이라고 말하더군요. 자기 자신을 인정하는 것, 노력하면 목표에 도달할 수 있다는 자기 긍정, 스스로 변화를 이끌어가는 자기 주도적인 삶 말입니다. 경제, 사회, 예술 등 다양한 분야에서 성공한 사람들의 공통점은 바로 '자기 변화'였습니다. 이때의 성공은 단지 물질적인 것만을 의미하는 것은 아닙니다. 자기 자신을 컨트롤해 변화를 주도하면서 자존감을 얻는 것이 더 궁극적인 성공이기 때문입니다.

변화는 생각보다 쉽지 않습니다. 오랫동안 함께한 타성과 습관이라는 멍에는 생각보다 깊고 무거워서 쉽게 우리를 놓아주지 않습니다. 우리는 늘 변화를 꿈꾸지만 무거운 하루의 일상이, 눈코 뜰 새 없이 바쁜 현실이 변화의 시도를 막고 있습니다. 그런 생활을 지속하다 보면 변화하려면 어디서부터, 어떻게 시작해야 할지 갈피를 잡기 어려운 지경에 빠지게 됩니다. 그리고 하루, 일주일, 한 달, 일 년이 지나가버립니다.

하지만 이제 변화해야 합니다. 현실을 탓하며 안주하지 말고 다시 '변화'를 시도해야 합니다. 물론 자기 스스로 변화해야 하지만 중요한 순간에 방향을 제시하고 조언해 줄 코치(coach)가 있다면 훨씬 더 수월하게 변화된 자신을 만날 수 있습니다. 비행기가 이륙하기 위해서는 많은 에너지가 필요하듯이 변화에 추진력을 더해줄 조언자, 멘토가 필요합니다.

세상에는 수많은 멘토들이 있습니다. 가깝게는 우리의 부모님부터 선생님, 시행착오를 거쳐 성공에 이른 오바마 대통령이나 오프라 윈프리, 역사적으로는 소크라테스나 간디, 넬슨 만델라 대통령까지 삶을 통찰하는 그들은 모두 멘토입니다. 저는 그중에서도 가장 위대한 멘토는 예수라고 생각합니다. 기독교 신자든 그렇지 않든 예수기 우리에게 주는 메시지는 강렬합니다. 예수는 사람들을 모으고 조직하는 리더가 아니라 사람을 변화시키는 코치였기 때문입니다.

예수는 자신을 음해하는 종교 지도자들과 폭정을 일삼던 로마의 지배층까지 끌어안았고, 말을 나누는 것마저도 금기시되었던 사마리아 여인에게 손을 내밀었으며, 모두 무시했던 어부 베드로를 사람을 낚는 코치로 재탄생시켰습니다. 예수를 만나면 절망에 빠진 사람도 희망과 기쁨을 얻었고, 심지어 적대 세력까지 변화되었습니다.

이 책에서는 예수가 보여준 변화의 실제 예들을 여러분이 자신에게 쉽게 적용시키는 방법과 법칙을 보이고자 합니다. 예수의 변화, 코칭 기법은 단계적이었습니다. 첫째, 어떤 사람이든 무조건 만나 자신의 생각을 강요하지 않고 우선 관심을 가졌습니다. 둘째, 세심한 관찰을 통해 상대방의 문제가 무엇인지 파악한 후 다가갔습니다. 셋째, 문제에 대해서 공감을 이끌어내고, 공유를 통해 상대방이 스스럼없이 마음을 열 수 있도록 했습니다. 넷째, 상대방이 충분히 들을 준비가 되어 있을 때 자신이 하고 싶은 말, 메시지를 전달하고 실천하도록 촉구했습니다. 다섯째, 예수는 평가를 통해 실천하지 못한 것에 대해 질책을 함으로써 상대방이 자발적이면서도 진정으로 변화할 수 있도록 도와줍니다. 이렇게 예수의 코칭은 단계적으로 이루어졌습니다. 모두 5단계로 앞으로 여러분이 일상생활에서 어떻게 적용할 수 있는지 차근차근 함께 시도해 보고자 합니다.

예수가 세상에 알려준 변화의 방법을 우선 자기 자신에게 적용해야 합니다. 변화의 주체이자 대상이 바로 '나 자신'이기 때문입니다. 그 다음 '나'의 변화를 바탕으로 가정과 조직을 비롯해 갈등을 빚고 있는 여러 사람들에게 적용해 볼 것입니다. '나'와 주변의 변화가 함께 일어나지 않으면 진정한 변화를 이루기도 힘들며, 지속되지도 않기 때문입니다.

어떤 사람들은 뭐 하는 거냐고, 하다가 그만둘 거면 애초에 시작도 하지 말라고 여러분의 각오에 찬물을 끼얹는 말을 할 수도 있습니다. 하지만 '생각은 행동을 낳고, 행동은 습관을 낳고, 습관은 성격을 낳고, 성격은 신의를 낳는다' 는 영국의 정치가인 새뮤엘 스마일즈의 말처럼 자신에 대한 믿음이 확고하다면 삶은 변할 것입니다. 이 책을 통해 여러분이 용기를 내어 내면 깊숙이 숨어 있는 열정적이고 멋진 자신을 찾을 수 있기를 바랍니다. 진정한 자기 변화를 통해 여러분 자신은 어떤 일이든 해낼 수 있는 능력자임을 확인하시길 바랍니다.

다음에 소개하는 '짧은 이야기' 는 예수의 코칭법을 설명하는 데 가장 핵심이 되는 두 가지 일화를 이야기로 구성한 것입니다. 성경에 게재된 내용을 읽기 쉽게 각색하였음을 미리 밝힙니다.

그날따라 사마리아 지방의 사막 위로 쏟아지는 태양은 몹시 뜨거웠다. 정오가 되자 더위는 절정에 이르렀다. 사람들은 모두 집 안에 들어앉아 뜨거운 태양을 피하고 있었다. 황량한 사막의 언덕에는 태양에 달구어진 뜨거운 모래 바람만이 나돌 뿐이었다.

가장 뜨거운 그때 나는 모래 바람을 뚫고 우물가로 다가갔다. 강한 모래 바람과 사람들의 시선이 두렵기만 했던 나는 천으로 얼굴을 감싼 채 항상 마을 사람들을 피해 더위가 절정인 한낮에 물을 길러 갔다. 남편이 다섯이나 있었던 내 처지가 원망스러웠고, 그런 내가 떳떳하게 사람들 앞에 나선다는 게 한없이 두려웠다.

나는 우물가에 태연하게 앉아 있는 남자를 보고 몹시 당황했다.

'아니 이 시간에 누구지? 나를 아는 사람인가? 지금 물을 긷지

않으면 안 되는데…….'

빨리 물을 길어 자리를 뜨고 싶은 마음뿐이었다. 급한 마음으로 우물가에 다가서자 앉아 있는 남자가 유대인이라는 것을 알 수 있었다. 유대인은 사마리아 지역에서 쉽게 볼 수 없을 뿐더러 더욱이 서로 말조차 섞지 않는 관계였다. 그 사실을 알게 되자 더욱 마음이 조급해졌다. 그때 남자가 말을 걸어왔다.

"여인이여! 나에게 물을 좀 달라."

그 말에 더 당황한 나는 "어찌 저에게 말을 거십니까? 저는 사마리아 여인입니다" 하고 대꾸했다. 남자는 굴하지 않고 말을 이었다.

"내가 어떤 사람인지 알았다면 당신은 나에게 우물물이 아닌 생수를 달라고 했을 것이고, 나는 그 생수를 주었을 것이다."

남자의 말은 황당했다. 이 지역에는 조상 때부터 사용한 이 우물물이 전부였고 특히 근방에서 신선한 생수를 구하기란 불가능한 일이었기 때문이다. 더 이상 남자와 말씨름을 하고 싶지 않았고, 다른 사마리아 사람들이 볼까 싶은 불안한 마음에 남자에게 면박을 주어 입을 다물게 해야겠다고 생각했다.

"이 우물은 우리 조상인 야곱 때부터 사용한 물이에요. 당신이 초능력자라도 되나요? 야곱보다 더 위대한가요?"

눈에 한껏 비웃음과 조롱의 빛을 담아 남자를 바라보았다. 그런데 이상하게도 두건 너머로 보이는 남자의 얼굴은 매우 평화로웠다. 깊은 눈빛은 모든 문제를 감싸 안아줄 것 같았고, 입가에 띤 미소는 나를 위로하는 듯했다. 여태껏 이런 온화하고 평화로운 얼굴은 보지 못했다.

"여인이여! 이 우물물은 다시 목을 마르게 하지만 내가 주는 물은 영원히 마르지 않는 생명수이니라."

남자의 얼굴은 확신과 자신감으로 가득 차 있었다. 그의 말과 행동으로 인해 더 이상 논리적으로 생각할 수가 없었다. 남자의 모습에서 진심을 보았기 때문이다. 정말로 남자가 생명수를 가지고 있다는 생각이 들었다.

"선생님, 저에게도 그 생명수를 조금만 주세요. 매일 물을 긷기가 너무 힘이 듭니다."

매일 사람들을 피해 물을 길러 다니는 마음의 고통이 육체적 고통보다 훨씬 컸던 나는 그에게 심정을 토로했다. 그러자 남자는 "당신의 남편을 데려오라"고 말하는 것이 아닌가. 그의 말에 또 당황하고 말았다.

'내가 남편이 다섯이나 있었다는 이야기를 들은 걸까? 아니면 그냥 한 번 떠본 걸까? 아, 뭐라고 대답을 해야 하나…… 그냥 도망칠까? 다섯씩이나 있었지만 정작 남편이라고 생각되는 사람은 아무도 없는데……'

그런 생각 끝에 기어 들어가는 목소리로 "저는 남편이 없습니다" 하고 대꾸하자 남자가 곧 말을 이었다.

"남편이 없다는 네 말이 옳다. 너에게는 다섯 명의 남편이 있었으나 지금 너와 함께 살고 있는 사람도 사실은 네 남편이 아닌 걸 보면, 너는 바른 말을 한 것이다. 여인이여! 네 말이 옳다."

나는 그만 자리에 주저앉아 흐느껴 울기 시작했다. 울음은 곧 통곡이 되었다. 내 처지를 들켜서가 아니라 나를, 내 마음을 이해해 주는 사람은 처음이었기 때문이다. 사람들은 남편이 다섯이나 될 수밖에 없는 내 처지를 이해하기보다 남편이 다섯이나 있었다는 사실만으로 조롱하고 멸시했다. "네 말이 옳다"라는 남자의 말이 내 마음을 뜨겁게 했다.

나는 밤새 허탕을 쳤다. 게네사렛 호숫가에서 밤새 그물을 던졌지만 고기 한 마리 잡지 못했다. 빈손으로 돌아갈 생각을 하니 눈앞이 캄캄했다. 매일 열심히 일했지만 고기가 많이 잡히는 날은 극히 드물었다. 가장인 나 하나만을 믿고 있는 가족들에게 미안한 마음이 들었다. 허탈한 가슴을 쓸어내리며 내일을 위해 또 그물을 손질했다. 그런 내 모습을 보며 사람들은 혀를 차며 말하곤 했다.

"넌 너무 무식해. 요령이 있어야지. 다른 쪽에 가서 그물을 쳐보거나 차라리 며칠 쉬는 건 어때? 그렇게 일하니까 몸만 힘들잖아."

하지만 이렇게라도 해야만 그나마 마음이 편했다. 갑자기 저 멀리 언덕에서 사람들의 웅성거리는 소리가 들렸다. 한 남자가 사람들에게 무슨 말인가를 전하고 있었다. '참 할 일 없는 사람들도 많구나' 하고 생각하는 순간 그 남자가 다가와 내게 말을 걸었다.

"네 배를 타겠다."

밑도 끝도 없이 내 배를 타겠다니 당황스러웠다. 나는 이미 지쳐 빨리 그물을 정리하고 싶을 뿐이었다. 그런데 남자에게서 거부할 수 없는 힘이 느껴졌다. 강압적이고 위압적이라기보다는 마치 모든 것을 다 알고 있다는 듯한 표정에 마법에라도 걸린 듯 나는 얼떨결에 "예, 예!" 하고 대답하고 말았다. 남자는 배 위에 올라서서 다시 사람들에게 메시지를 전하기 시작했다. 남자의 눈빛과 표정, 사람들의 반응을 통해 나는 그가 대단한 사람이라고 생각했다.

'사람들을 끌어들이는 대단한 매력의 소유자인걸. 저 남자는 아마 로마에서 최고 수준의 공부를 한 게 틀림없어.'

이야기를 마친 남자가 다시 나에게 말을 걸었다.

"남자여! 깊은 데로 가 그물을 쳐서 고기를 잡아라."

바보 같은 짓이라고 생각했지만 나는 그의 말을 거역할 수는 없었다.

"선생님, 제가 밤새 고기를 잡았는데 한 마리도 잡지 못했습니다. 하지만 선생님 말씀이 그러하다면 한 번 더 해보겠습니다."

잠시 후, 정말 놀라운 일이 벌어졌다. 얼마나 많이 잡혔는지 몰고 나갔던 두 배에 고기가 넘쳐났다.

그때 남자가 내 마음을 읽은 듯 말했다.

"시몬 베드로야, 내가 너를 사람을 낚는 어부로 만들어주마."

말할 수 없이 기뻤다. 그가 한 말의 의미보다는 그가 행한 기적을 보며 그와 함께라면 성공할 것이라는 확신에 더욱 기뻤다.

그렇게 나의 제자 생활은 시작되었다. 그와 함께한 지 3년, 놀랍게도 그는 공부를 많이 한 사람도 아니었고, 나를 부자로 만들어주지도 않았다. 그는 늘 가난하고 병들고 힘든 사람들과 함께했고 낮은 곳에 있었다. 내가 기대했던 성공과는 거리가 멀었다. 그러던 어느 날, 갑자기 그가 나에게 말을 했다.

"베드로야, 너는 나를 세 번 부인할 것이다."

몹시 화가 났다. 비록 배운 것은 없지만 여태껏 사람을 배신하는 일 따위는 하지 않았다. 더군다나 가족까지 버리고 3년 동안 그를 따르지 않았던가. 조금 실망했지만 그는 나의 스승이고, 세상에서 제일 존경하는 사람이지 않은가. 그런데 화가 난 나와 달리 그의 눈빛은 '네가 배신하더라도 너를 믿으마' 라고 말하는 듯했다.

나는 숨고 싶었다. 그의 말처럼 나는 그가 잡히던 날 밤, 그를 세 번이나 부인했다. 눈물이 나왔다. 그를 지켜주고 싶었지만 나는 그럴 힘이 없었다. 아니 그럴 용기가 나지 않았다. 나섰다가 자칫하면 죽을지도 몰랐다. 그는 어이없게도 사람들에 잡혀 조롱과 멸시를 당하며 십자가에 못 박혔다. 군중 속에 숨어 그의 죽음을 묵도하며 나는 절망했다.

나는 자포자기인 심정으로 고향으로 돌아왔다. 고향 사람들은 미친 짓을 했다고, 그동안 시간 낭비했다고 나를 비웃었다. 그런 내가 다시 할 수 있는 일이라고는 고기를 잡는 일뿐이었다. 나와 함께 돌아온 다른 제자들도 모두 바다로 나갔다. 그런데 이게 웬일인가? 저만치 바다에 그가 서 있는 것이 아닌가? 나는 너무나 반가운 마음에 물로 뛰어들었다. 하지만 그에게 다가갈 수 없었다. 나는 그를 돕지 못한 배신자였다. 다가가 그를 안고 싶었지만 그럴 수 없었다. 그는 우리와 함께 아침 식사를 했다. 여전히 밝고 힘이 넘치는 모습이었다. 곁눈질을 하며 그가 무사한 것에 대해 감사했고, 한편으로는 그가 나를 어떻게 생각할지에 대해 고민했다. 다른 제자들이 그와 담소를 나눌 때도 나는 머뭇거리기만 했다. 바로 그때, 그가 나를 가만히 불렀다. 가슴이 두근거렸다.

'어떤 말을 할까? 왜 그때 자기를 도와주지 않았냐고 따지기라도 하면 어쩌지?' 라는 생각에 심장이 오그라드는 듯했다. 그러나 그는 아무 말도 하지 않았다. 그저 따스한 눈빛으로 바라볼 뿐이었다. 그의 눈빛은 그동안 얼마나 마음고생이 심했느냐고, 힘들지는 않았느냐고 그리고 지금 너와 함께 있어 행복하다고 말하고 있었다. 한참 동안 말없이 바라만 보던 그가 드디어 입을 열었다.

"시몬 베드로야, 너는 나를 사랑하느냐?"

나는 주저 없이 그렇다고 했다. 그러고는 눈물을 흘렸다. 어리석었던 지난 3년간의 생활이 머릿속에 스쳐지나 갔다. 당시 그의 행동들이 비로소 마음으로 이해되었다. 그는 있는 그대로의 내 모습을 인정했다. 실수와 잘못으로 얼룩진 인생 자체를 모두 인정해 주었다. 가슴이 다시 뜨거워졌다.

"예수님! 제가 주님을 사랑하는 것을 주님이 아십니다."

"네가 남편이 없다 하는 말이 옳도다.
네가 남편이 다섯이 있었으나
지금 있는 자는 네 남편이 아니니 네 말이 참되도다."

요한복음 4:17~18

변화하고 싶다면 지금 도전하라

위기의 시대다. 이 '위기'라는 말은 아주 오래전부터 언급되어 오
던 단어다. 그래서인지 우리는 이 단어를 새삼스러워하지 않는다.
하지만 오늘날의 위기는 이전에 비해 훨씬 심각하고 그 정도가 크
고 깊다. 경제 위기, 종교와 지역 갈등에 따른 위기, 환경 위기 등
다양한 종류와 형태의 위기들이 우리의 생존을 위협하고 있다. 그
러나 이 엄청난 위기 속에서 우리는 이렇다 할 원망의 대상을 찾지
못한다. 서로를 믿지 못하는 시대, 심지어 자신조차 믿지 못하는 불
신의 시대에 살고 있는 우리들이 위기를 자초한 주범들이기 때문이
다. 경제 위기의 근간에는 인간의 탐욕이 깊게 뿌리 박혀 있으며,
종교와 지역 갈등 또한 자기중심적 사고와 인간의 이기심이 만들어

낸 산물이다.

　이런 위기 상황들은 기상이변, 기아와 전쟁, 경제공황 등 어마어마한 무기가 되어 다시 우리를 위협한다. 이 무기는 우리를 살던 방식대로 살도록 놓아두지 않는다. 여기에 왜 삶에 변화가 필요한지에 대한 이유가 존재한다. 우리가 무의식중에 저질러온 삶의 습관들, 예를 들어 욕심과 나태, 방관, 자기중심적 사고 등은 우리의 이기심을 살찌우는 최고의 영양소다. 점점 덩치가 커진 이기심은 엄청난 무기로 돌변해 가정과 사회, 국가와 세계를 위협하고 계속 악순환된다.

　비근한 예로, 2008년 말 서브프라임 모기지 사태로 빚어진 미국발 금융 위기가 전 세계를 공황에 빠트렸다. 우리 역시 그 폭풍을 피해 갈 수는 없었다. 그러나 지금 우리는 어느새 그런 일이 있었는지조차 까마득히 잊고 있다. 지금도 중동에서는 여전히 전쟁이 진행 중이며, 세계 곳곳에서는 수없이 많은 아이들이 제대로 피어보지도 못한 채 굶주림 속에서 죽음을 맞이하고 있는네도 말이다.

　나 하나쯤이야 하고 슬쩍 버린 쓰레기가 호수나 강으로 흘러들어가 환경을 파괴하고 있다는 것은 굳이 설명할 필요도 없을 정도다. 수만 관중이 돌아가고 난 경기장이나 꽃구경, 단풍 구경으로 몸살을 앓고 있는 산과 계곡은 또 어떠한가. 여름 한철, 피서객을 끌어안았던 바닷가는 그야말로 실신 상태다. 우리의 이런 삶의 방식은 부메랑이 되어 재앙으로 돌아온다. 지금 우리는 변화가 절실하다.

행복해지고 싶다면 '나'부터 바꿔라

세상과 문명은 하루하루 놀랍도록 빠르게 변화한다. 특히 기술적인 발달은 사람의 문화와 생각, 가치관까지 바꾸는 힘을 지닌다. 이 변화 속에서 우리는 또다시 소외되거나 위협당하는 악순환을 반복한다. 이 또한 우리 스스로가 만든 결과다. 변화를 따라가는 사람은 성공하고, 그렇지 못하면 낙오되고 만다는 두려움이 엄습한다. 하지만 실상 어떻게 변화해야 하는지, 방법조차 알지 못한다.

세계적인 베스트셀러 저자이자 철학자, 조직 행동과 기업경영에 대한 전문가 찰스 핸디(Charles Handy)는 변화에 대해《비이성의 시대 The Age of Unreason》라는 저서에서 이렇게 말한다.

이런 발전이 좋은지 나쁜지는 분명 우리의 선택에 달려 있다. 기술 자체는 중립적이다. 기술을 이용해서 삶을 풍요롭게 만드는 것도, 기술을 쓸모없는 것으로 만들어버리는 것도 모두 우리에게 달려 있다. 하지만 아무것도 변하지 않은 척하는 것, 시간이 정지된 양 추억의 정원에서 살아가는 일은 불가능하다. 현실이 그렇지도 않으려니와 일부러 그렇게 하려고 해도 그럴 수 없다.

당연하게 변화를 받아들이고 우리 스스로 변화하기 위해서는 그 의미부터 새롭게 정의해야 한다. 세상의 모든 변화, 즉 기술적, 문화적, 사회적 변화들의 방향성과 본질에 대한 판단은 우리의 몫이기 때문이다. 새로운 게임에는 새로운 법칙이 필요하듯 그 시대와 위기에 따라 온당한 변화가 있어야 한다. 하지만 이를 가늠하기란 쉬운 일이 아니다. 그래서인지 많은 사람들이 무리에 휩쓸려 무조건 변화를 따라가거나 아니면 외면한 채 자신만의 세계 속에 침잠해 버린다. 그러므로 진정한 변화를 위해서는 스스로를 분석하는 노력이 우선시되어야 한다. 세상의 흐름을 알고 자신의 문제점을 파악해서 스스로를 주체적이고 능동적으로 경영해야 한다. 그래야만 자신의 가치를 명확하게 세울 수 있고 자연스럽게 진화하는 세상의 중심으로 진입할 수 있다.

하지만 우리는 지극히 단순한 이 법칙을 잘 알면서도 숨 돌릴 틈 없이 바쁜 일상 속에서 쳇바퀴 돌듯 하루를 소비하고 있다. 소소한 성과들이 전혀 없는 건 아니지만 그렇더라도 삶은 늘 허전하고 버겁게 느껴진다. 게다가 이 삶의 굴레를 터놓고 원망할 곳도 없다. 너나없이 그만그만한 삶을 살고 있기 때문이다. 그러고는 거울을 보는 것처럼 비슷한 서로를 마주하며 그렇게 사는 것이 어쩌면 당연하다고 생각하기에 이른다.

그러다 문득 눈 깜짝할 정도의 속도로 변화하는 세상 속에서 멈춰 있는 자신을 발견하고는 위기와 좌절을 동시에 느낀다. 이런 현상은 앞서도 말했듯이 정체성의 위기에서 비롯되는 경우가 대부분이다. 세상의 변화는 당연하다. 그런 세상 속에서 중심을 잡지 못하거나 자신의 실체를 파악하지 못한다면 물살에 휩쓸릴 수밖에 없다. 위기에 처할수록 변화를 이해하고 활용해야 한다. 그 시작은 '나를 찾아 떠나는 여행'에서 비롯된다.

우리의 하루 일과를 생각해 보자. 눈을 뜨면 어제와 다를 바 없는 똑같은 하루가 시작된다. 찌뿌드드한 몸을 이끌고 화장실로 향한다. 거울 속에 비친 푸석한 얼굴을 바라보며 빡빡하고 짜증나는 일과를 생각한다. 세수를 하고 깔깔한 입으로 우유 한 잔을 들이켠다. 밀리는 도로를 겨우 뚫고 나와 회사에 도착한다. 껄끄러운 선배는 오늘도 어김없이 먼저 출근해 있다. 실무 경력이 없는 상사의 뒷북에 기껏 고생해서 계약해 놓은 일이 수포로 돌아간다. 생각 같아서는 한마디 하고 싶지만 곧 승진 시기다.

점심시간이 다 되어가지만 인간관계에 문제가 있는지 밥을 먹으러 가자는 사람 한 명 없다. 밀린 업무를 한다는 핑계를 대며 김밥으로 점심을 때운다. 오후가 되자 눈꺼풀이 천근만근 내려앉지만 눈치가 보여 잠깐 졸 짬도 없다. 겨우 일과를 마무리하고 퇴근하려는데 갑자기 비가 쏟아진다. 비가 충동질을 한 탓에 동료의 팔을 이끌어 회사 앞 호프집에 자리를 잡는다. 시원한 맥주를 한 모금 쭉 들이켜려는데, 저만치 걸어 들어오는 상사의 모습이 보인다. 술자리에서까지 저 인간을 봐야 하나 하는 생각에 슬쩍 자리를 빠져나와 다른 곳으로 발길을 옮긴다.

그때 휴대전화가 울린다. 아내다. 또 술이냐며 카랑카랑한 목소리로 잔소리를 속사포처럼 쏟아낸다. 안됐다는 표정으로 혀를 차며 바라보는 동료를 뒤로하고 집으로 향한다. 집에 와서도 몸과 마음은 여전히 피곤하다. 아이 교육 문제부터 소소한 집안 이야기 등이 끝도 없이 이어진다. 집중하고 싶지만 몸이 말을 듣지 않는다. 육체노동을 하는 것도 아닌데 왜 매일 그렇게 피곤하냐며, 아내는 또 핀잔을 늘어놓는다. 더더욱 피곤해진다. 돌 지난 아이가 울어대기 시작한다. 어르고 달래보지만 이 녀석도 나를 그다지 좋아하지 않는 모양이다. 점점 더 크게 우는 아이를 어쩌지 못해 내려놓자, 자기는 하루 종일 보는 애를 잠깐도 못 보느냐며, 대체 제대로 하는 게 뭐냐고 아내는 언성을 높인다. 참고 참았던 화가 드디어 폭발한다.

"그래! 난 이렇게밖에 못한다, 왜! 어쩔래?"

소리를 지르고 현관문을 박차고 나왔지만 딱히 갈 곳이 없다. 우우, 소리를 내며 바람이 덩달아 운다.

상당 부분 공감한다면 당신은 지금 변화가 필요한 사람이다. 삶의 가치와 의미를 중요하게 여기고, 더욱 풍요롭고 건강하게 만드는 변화 말이다. 그리스 신화를 보면, 시시포스는 제우스를 속인 죄로 지옥에 떨어져 끊임없이 바위를 산꼭대기까지 굴려 올리는 영겁의 형벌을 받는다. 결국 시시포스는 똑같은 일을 계속 반복하며 고통을 당하게 된다. 무익하고 희망 없는 노동만큼 무서운 형벌은 없다고 여긴 신들의 생각은 옳았다. 그것은 가혹한 형벌이었다.

가치와 의미를 부여한다는 것은 목표가 명확하다는 의미다. 지금껏 우리는 자의든 타의든 슈퍼맨이 되기 위해 노력해 왔다. 어렸을 때는 1등을 위해서, 어른이 되어서는 좋은 직장에 들어가기 위해서, 몸짱이 되기 위해서, 외국어를 잘하기 위해서, 화술과 처세술에 능해 좀더 성공하기 위해서……. 서점에는 그런 사람들을 유혹하는 자기계발서들이 끊임없이 쏟아져 나오고 있고, 텔레비전에는 주식으로 대박을 터트린 사람의 성공담, 성공한 명사들의 노하우들이 우리의 욕망을 자극한다. '경청하는 법, 대화를 잘하는 법, 리더십을 키우는 법' 등이 담긴 책이나 성공 사례들을 보면 누구나 따라 할 수 있을 것 같다. 하지만 정작 시도하면 몇 달은커녕 며칠도 못 가 포기하고 만다. 그러면서도 사람들은 여전히 슈퍼맨이 되는 것이 인생의 목표이자, 진정한 변화라고 여긴다. 이렇게 무작정 다른 사람의 성공 신화를 좇는 것은 무의미하다. 분명한 목표가 있는 것이 아니라 진정한 자신의 목표를 찾지 못해 부화뇌동(附和雷同)하는 격으로 에너지와 시간만 낭비하는 것이다.

이제 변화의 진정한 의미와 삶의 목표를 찾아야 할 중요한 시점에 서 있다. 그러기 위해서는 항해할 때 나침반이 필요하듯이 우리에게는 방향을 잡아줄 멘토, 즉 코치가 필요하다. 주변 친구, 부모님, 선생님, 선배, 직장 상사, 역사적 인물, 책, 유명 인사 등 우리에게 나침반이 되어줄 멘토는 매우 다양하다. 중요한 것은 그 나침반이 나의 변화에 얼마나 효과적이며, 즉시 적용 가능한가 하는 점이다. 물론 개인에 따라 수많은 관계에 얽혀 있으므로 절대적인 원칙은 있을 수 없다. 우선 큰 줄기를 찾아 그것을 바탕으로 각자의 삶에 적용해 보자.

현재와 미래를 변화시킬 수 있다

2000여 년 전, 이스라엘은 위기를 맞이했다. 로마의 지배하에 육체적 자유를 박탈당했고 종교 지도자들의 율법은 정신적 자유를 억눌렀다. 이스라엘 민족은 방향을 잃고 헤맸다. 그들에게는 메시아, 지도자, 리더가 필요했다. 그때 하나님의 아들 예수가 등장한다. 그들은 종려나무를 들어 젊은 메시아를 환영했으며, 예수가 자신들을 조직하고 이끌어 지긋지긋한 현실에서 벗어나게 해줄 거라고 믿었다. 모세가 이집트에서 자신들을 탈출시켰던 것처럼 예수 역시 힘을 발휘해서 로마군을 물리칠 것이라 기대한 것이다. 하지만 예수는 허무하게도 십자가에 못 박혀 죽음에 이른다. 물론 다시 부활했지만 예수는 바로 승천함으로써 그들과 함께하지 않는다.

예수가 활동한 시기는 고작 3년. 하지만 예수는 3년 동안의 삶과 행적을 통해 결국 이스라엘 민족을 변화시켰다. 스스로 사람들의 씨앗이 되어줌으로써 그들로 하여금 싹을 틔워 변화의 열매를 맺도록 한 것이다. 예수의 메시지, 즉 씨앗을 받은 사람들은 변화의 열매를 키우며 꿈을 갖게 되었고, 타인과 소통할 수 있게 되었다. 자기 사랑과 희생을 배운 것이다.

예수는 리더가 아니었다. 리더는 사람들을 조직하여 이끄는 사람을 뜻한다. 리더와 함께하는 사람들의 역할은 리더를 보좌하는 것에 그친다. 결국 리더는 1인을 중심으로 조직을 이끌고 방향을 제시하는 사람이다. 그렇기 때문에 예수는 리더가 아니다. 리더이기를 바랐다면 그는 수많은 군중들이 자신의 메시지를 듣기 위해 몰려들었을 때 즉시 영향력을 행사할 수 있는 조직을 구성했을 것이다. 하지만 그는 메시지를 전파한 후 사람들을 흩어지게 했으며, 때로는 홀연히 사라지기도 했다.

예수는 리더가 아니라 사람을 변화시키는 코치였기 때문이다. 그는 핵심 인력인 12명의 제자부터 자신을 괴롭히는 바리새인, 종교 지도자들까지도 변화시켰다. 나아가 이스라엘과 대중을 변화시켰다. 목마른 사람에게는 물을 주었고, 간음하여 죽게 된 여인에게는 마음의 짐을 벗어던지게 했으며, 병든 사람을 낫게 했다. 율법에 매여 진정한 가치를 바로 보지 못하던 바리새인과 종교 지도자들에게는 꾸지람으로 자신들의 무지함을 깨닫게 했다. 그 과정에서 사마리아 여인에게 '네 말이 옳다'고 말한 것처럼 있는 그대로의 모습을 인정하고 그들 스스로 변화되기를 기다렸다. 예수는 사람들에게 물고기를 잡아주는 대신 물고기 낚는 방법을 알려준 것이다.

위기의 시대를 살아가는 우리에게는 이와 같은 예수의 코칭법이 절실하다. 앞에서 말했듯이 모든 위기의 핵심은 자신에게 있고, 무엇보다 우리에게 필요한 것은 스스로를 변화시키려는 용기다. 3년의 삶을 통해 세상을 변화시킨 예수의 코칭 과정은 오늘을 살고 있는 우리가 벤치마킹할 가치가 충분히 있다. 예수의 강력한 메시지와 실천은 현재는 물론 미래까지도 변화시킬 수 있는 강력한 코칭법이다.

그렇다면 그 비결은 과연 무엇일까? 우리는 왜 예수를 리더가 아닌 코치로 평가해야 하는 것일까?

코칭(Coaching)의 어원은 헝가리의 '코치(Kocs)'라는 마을에서 처음 개발된 마차로부터 유래한다. 마차는 고객을 현재 위치에서 그들이 원하는 목적지까지 이동할 수 있도록 해주는 도구였다. 집체

교육(Training)의 어원인 기차(Train)와 달리 코치는 개별 맞춤 서비스를 제공함으로써 더 효과적으로 목적지에 도달할 수 있게 해주는 도구적 성격이 강하다.

코칭을 멘토링이나 컨설팅, 카운슬링과 유사한 것으로 생각하기도 하는데, 각각의 의미에는 분명 차이가 있다. 멘토링은 멘토가 가지고 있는 경험을 통해서 얻은 노하우를 제공하는 것이고, 컨설팅은 어떤 분야의 전문가가 문제의 분석과 진단을 통해서 해결책을 제시하는 것이다. 또 카운슬링은 심리적인 문제나 고민이 있는 사람에게 상담원이 전문적인 입장에서 조언을 하거나 공감적인 이해를 통해 상담자의 문제를 해결하거나 심리적인 성장을 돕는 것을 말한다. 그와 달리 코칭은 추구하고자 하는 목표에 초점을 두고 스스로 문제를 해결하고 목표점을 향해 나아가도록 도와주는 것을 말한다. 곧 코칭을 받는 사람이 스스로 진화하고 변화할 수 있도록 돕는 것이다. 그뿐만 아니라 코치와 코치를 받는 사람(Coachee)이 서로 영향을 주고받아 관계를 맺는 것을 의미한다.

《코칭의 기술》이라는 책을 쓴 에노모토 히데타케의 정의에 따르면 코칭이란 자아실현을 지지하는 시스템이다. 다시 말해 자아실현, 지지(Support), 시스템(System)이 코칭의 세 가지 주요 개념이라고 할 수 있다.

자아실현은 코칭에서 궁극적으로 추구하는 첫 번째 개념이다. 매슬로(Abraham H. Maslow)의 욕구 체계에 따르면 생리적 욕구, 안전의 욕구, 소속의 욕구, 명예의 욕구 상위에 있는 최종의 욕구가 자아실현이다. 이는 자립형 인간으로 이해해도 무방하다. 즉, 스스로 판단하고 결정하며 진화하는 사람을 말한다. 사회인이 되기 전까지 대부분의 학생들은 완전한 자립형 인간이 아니다. 사소한 것에서부터 큰일까지 부모님이나 선생님, 선배나 친척들의 지시와 조언을 받기 때문에 스스로 판단하기보다는 타인의 생각에 의존하는 경향이 짙다.

가치에는 행복, 자존감, 자아실현 등을 포함하는 잠재적 가치와, 배고픔, 목마름, 피곤함, 불편함 등의 미충족 가치가 있다. 이때 미충족 가치는 지금 당장 원하는 1차적인 욕구들을 말하며, 반면 잠재적 가치는 당장은 필요하지 않지만 궁극적으로 삶에 필요한 가치들을 말한다. 예를 들어, 운동을 마친 후 갈증을 호소하는 사람에게 물이 없어 급한 대로 탄산음료를 주었다고 해보자. 당장은 갈증이 해소된 것처럼 보이겠지만 그는 이내 더 큰 갈증을 호소할 것이다. 당장 마실 물이 없다면 조금 더 참도록 다독인 다음 물을 마시게 하는 것이 효과적이다. 코칭은 상대의 자아실현, 잠재 가치에 집중하는 일이다. 좁은 시야로 판단하고 무조건 도와주는 것이 아니라 궁극적인 자아실현을 지지하는 일련의 작업이라고 할 수 있다.

두 번째 개념인 지지는 도움(Help)과는 근본적으로 의미가 다르다. 도움을 주는 것은 무기력한 상대를 일방적으로 돕는 것이다. 예를 들어, 조난을 당한 사람의 경우 스스로 난관을 헤쳐 나오기가 어렵다. 헬기나 전문 구조요원들의 도움이 필요하다. 이때 조난자는 구조요원에게 종속적이며 무한 의존하게 된다.

하지만 지지는 상대가 어떠한 일을 수행하는 데 제한된 도움만을 제공한다. 도움이 종속적이고 지배적인 관계라면 지지는 협동과 협력적 관계를 맺는다. 몸이 불편한 사람들이 히말라야 등반길에 나선 적이 있다. 그들은 등반이라는 모험을 통해 어려움을 극복할 수 있다는 자신감을 얻고 싶어 했다. 하지만 그들이 혼자 산을 오르는 일은 무리였다. 상황에 적절하게 대처할 수 있는 노하우와 전문적 지식, 방향성이 필요했다. 그때 전문 산악인들이 그들을 지지하기 위해(도와주기 위해) 자원봉사자로 나섰다. 이 경우 전문 산악인들이 코치인 것이다. 그들은 몸이 불편한 친구들을 업어준다거나 처음부터 무조건 도와주려는 섣부른 행동을 하지 않는다. 그저 동반자로서 방향을 잡아주고 힘들어하는 친구들을 격려한다. 가끔은 무거운 배낭을 대신 들어주기도 한다. 이것이 코칭이다. 상대가 스스로 자아를 실현할 수 있도록 옆에서 조력자의 역할을 하는 것이다. 조력자는 함께 있는 것만으로도 상대에게 큰 힘을 준다.

코칭의 세 번째 개념은 시스템이다. 시스템은 구조적이며 선순환적·상호교섭적이라는 특징을 갖는다. 즉흥적이고 일시적인 것이 아니라 원칙과 틀에 의해 반복적으로 움직인다는 의미다. 그런 의미에서 보면 코칭은 단순한 스킬과 요령을 알려주는 것이 아니다. 코치와 수용자가 상호작용을 통해서 진화하고 협력하는 관계다.

학원에서의 교육이 특정 과목에 대한 요령과 단편적인 스킬을 가르치는 것인데 반해, 학교 교육이 선생님으로부터 영향을 받거나 교류를 통해 전인적으로 자신을 성장시켜 나가는 과정인 것과 같다고 볼 수 있다. 시간이 흐를수록 그 관계는 선순환적으로 서로를 변화시키고 성장하게 만든다. 코치가 일방적으로 수용자에게 영향을 주는 것은 아니다. 코치와 코치이는 서로에게 영향을 주기도 하고 받기도 한다. 제자와 좋은 관계를 맺은 선생은 다른 제자와의 관계에서도 당시의 경험을 활용할 수 있다.

이런 코칭의 정의로 비추어볼 때 예수는 누구와도 비교할 수 없는 진정한 의미의 코치다. 당시 이스라엘 민족의 미충족 가치는 로마 압제로부터의 해방이었으며, 가난으로부터의 탈출이었다. 예수는 당장 그것들을 충족시키기보다 그들의 궁극적 자아실현인 잠재가치에 주목했다. 하늘나라에 대한 희망을 심어줌으로써 답답하고 힘든 현실을 뛰어넘게 했다. 또 사람들 스스로 진리를 깨우치고 자신의 문제를 직시해 새로운 사람이 되도록 지지했다. 제자들에게는 일정한 권한을 부여함으로써 또 다른 코치가 되도록 유도했다. 오늘날의 시스템으로 본다면 '코치 양성 프로그램'을 진행한 것이다. 예수의 훌륭한 코칭법은 일화를 통해서도 쉽게 찾아볼 수 있다.

예수가 십자가에 못 박혀 죽은 후 실의에 빠진 두 제자 앞에 예수가 나타난다. 하지만 그들은 예수를 알아보지 못한 채 엠마오로 향하는 길을 동행한다.(누가복음 24: 13~32) 예수는 그들과의 동행길에서 성경의 원칙을 설명한다. 나중에야 예수를 알아본 제자들은 '마음이 뜨거워짐'을 느낀다. 마음이 뜨거워진다는 것은 변화이자 감동을 의미한다. 죽은 줄로만 알았던 예수가 다시 부활했다는 점, 더군다나 자신들을 찾아와 메시지를 전했다는 사실은 무엇과도 비교할 수 없는 감동이었으리라. 그 기억을 평생 가슴에 새겨 그들은 예수의 메시지를 전도하는 데 몸을 바친다.

세관장이며 부자인 삭개오는 사람들에게 따돌림을 당하는 사람이었다.(누가복음 19:2) 하지만 예수는 그의 내면을 보았다. 자신의 말을 듣기 위해 뽕나무에 올라갈 정도로 변화를 갈망하는 그의 모습에서 진심을 본 것이다. 그리고 스스럼없이 예수는 삭개오의 집에 들어가 식사를 했다. 사람들로부터 멸시받던 그를 예수가 인정하는 순간부터 그는 변화하기 시작했다. 이후 삭개오는 자신의 재산 절반을 가난한 사람들에게 나누어주었다.

예수와 사람들의 관계는 인간적인 과정을 통해서 이루어졌다. 그는 공동체 생활을 통해 사람들의 생활 속 깊숙이 파고드는 전인격적인 만남을 선택했다. 그들은 서로에게서 영향을 주고받는다. 예수의 메시지가 사람들의 마음을 움직이게 하는 것은 물론, 예수 역시 사람들과 함께 생활함으로써 그들의 삶을 진심으로 이해했다. 제자 나나니엘이 자기를 이렇게 알고 있었나고 물었을 때, "네가 무화과나무에 있는 것을 보았다"는 예수의 말처럼 애정 어린 관찰을 통해 상대를 이해하고 그들의 입장에서 생각하는 새로운 시각을 얻은 것이다. 이것이 바로 선순환적 시스템을 통해 서로를 발전시키고 성장시키는 예수의 코칭법이며, 이 책에서 집중적으로 다룰 내용이다.

코칭에는 몇 가지 전제가 있다. 코칭의 정의에서도 알 수 있듯이 사람은 누구나 자신을 변화시킬 능력을 가지고 있다. 개인에게는 각각 무한 가능성이 존재하며 진정한 변화는 그런 가능성을 찾아 코칭해 나가는 것에서 시작한다. 나를 변화시키고, 그 변화는 가정과 주변 사람들 나아가 세상을 변화시키는 역동적인 힘을 발휘한다.

예수는 어부인 베드로의 가능성에 주목했다. 세상의 일반적인 시각으로 볼 때 베드로는 예수의 제자가 되기에는 터무니없이 부족한 인물이었다. 제대로 된 교육도 받지 못했을 뿐 아니라 이렇다 할 능력이나 기술 또한 없었다. 본인의 주업인 고기잡이조차 제대로 해내지 못했으며 심지어 자신의 스승인 예수를 세 번이나 부인하는 실수를 범한다. 그럼에도 불구하고 예수는 그의 가능성에 주목했다. 하얀 눈밭 같은 그의 깨끗한 심성과 밤새 그물을 던지는 우직함을 높이 샀던 것이다. 베드로의 성실함과 신실함은 예수가 세상을 떠난 후 더욱 빛을 발해 교회의 반석으로 기독교 교리를 전파하는 핵심적인 역할을 하게 된다.

코칭의 또 다른 전제는 동반자 혹은 파트너가 필요하다는 점이다. 앞서 변화는 역동적이고 상호 교섭적인 과정에서 이루어진다고 말한 것처럼 서로의 생각을 교유해 새로운 가능성을 창출하는 것이다. 그러기 위해서는 동반자 혹은 파트너 사이에 충분한 소통이 전제되어야 한다. 따라서 나를 변화시키는 과정에서 주변 사람과의 원활한 소통 역시 이루어져야 한다. 진정한 변화는 나뿐만 아니라 주변이 변화해야 완전해지기 때문이다.

마지막으로 코칭은 통섭적 과정이라는 전제하에서 이루어진다.

보통 긍정적인 의미의 통합을 말할 때 통섭이라는 단어를 쓰곤 하는데 엄밀히 나누어 통합, 융합, 통섭에는 큰 차이가 있다.

통합이란 이질적인 두 집단이나 사람을 단순히 물리적으로 합치는 것을 말한다. 기업 간의 M&A(merger and acquisition, 기업이 다른 기업을 합병하거나 매수하는 일)가 여기에 해당된다. 경제 위기 상황에서 외부 세력에 의해 구조조정 차원에서 기업 간 합병이 이루어진다. 이 통합의 단계에서 이질적인 기업 문화가 서로 동화되지 못하면 기업은 곧 위기에 직면하게 된다. 융합은 이질적 집단이 만나 서로의 특징을 유지한 채 잘 동화되는 것을 말한다. 비빔밥이 그 대표적인 예라고 할 수 있다. 식재료들은 저마다 고유의 맛을 가지고 있지만 서로 조화되어 비빔밥이라는 특유의 맛을 만들어낸다. 통합된 기업이 융화의 단계에 이르면 곧 발전으로 이어진다.

코칭은 자존감을 얻는 과정이다

코칭의 목적은 결국 자존감을 갖게 하는 과정이다. 이는 자신에게 가치를 부여하고 스스로를 귀하게 여기며 진실로 대하는 능력이다. 즉 스스로를 믿는 자기 긍정이라고 할 수 있다. 이는 자존심과는 다른 것으로, 자존심이 나를 고립시키는 고집에 가깝다면 자존감은 자신의 믿음을 바탕으로 그 힘을 외부로 발산하는 것이다. 성실, 책임, 정열, 사랑, 능력 모두 자존감에서 비롯된다고 할 수 있다.

EBS에서 방송된 〈아이의 사생활〉이라는 프로그램을 보면 자존감이 삶에 어떤 영향을 미치는지를 잘 알 수 있다. 자존감이 높을 때 스스로에 대한 신체적 만족도가 높았고, 감성 능력(EQ) 역시 높았다. 감성 능력을 통해 상대와 교감하면 성취감뿐 아니라 리더로서의 자질도 얻게 된다. 반면에 자존감이 낮으면 자신을 비하하고 열등하게 느끼므로 다른 사람의 평가에만 신경을 써서 정작 다른 사람의 생각과 태도를 받아들이기 어려워진다. 자존감은 결국 관점의 문제로, 나 자신을 어떻게 평가하고 의미를 부여하는지가 중요하다.

자존감은 솥과 같은 것이다. 솥을 가득 채워본 사람은 그 솥이 비워지더라도 다시 채울 수 있다는 확신을 갖는다. 하지만 솥을 끝까지 채워보지 못한 사람은 스스로를 비하하고 믿지 못한다. 변화는 자기 자신을 믿고 사랑할 때 시작되며 성장하는 과정 속에서 재차 스스로에게 배우게 된다. 일상 속에서 얻는 작은 성취와 과정들을 소중하게 여기는 것이야말로 자존감을 얻는 기회이다. 그렇게 갖게 된 자존감은 나를 변화시키는 중요한 축이다.

또 다른 목적은 일치적 소통을 할 수 있는 능력을 얻는 것이다. 우리가 갈등하고 스트레스를 받는 것은 자신의 생각과 느낌, 행동이 일치하지 않기 때문이다. 갖고 싶은 장난감을 갖지 못하게 되었을 때 아이의 표정에는 세상 모든 불만을 다 가진 것 같은 심술이 드러난다. 하고 싶은 일을 하지 못하고 억누르면 병이 나는 것은 당연하다. 화가 난다는 것은 스스로의 생각과 행동이 원활하게 소통되지 않고 있다는 신호다. 코칭은 자신의 마음의 느낌과 생각, 행동이 일치시켜 준다.

원활한 교류는 나와 상대의 관계에서 솔직하고 진실한 교감을 나누게 해서 막힌 관계를 열어주는 작용도 한다. 얼굴이 환하고 편안

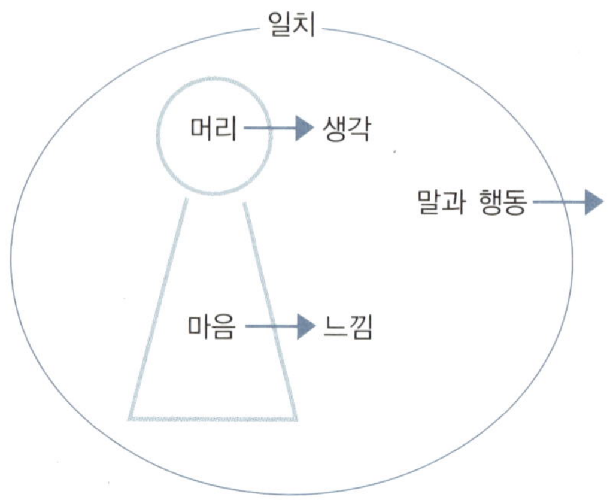

한 사람들을 보면 그들이 솔직하고 진실하게 사람을 대한다는 것을 알 수 있다. 하지만 일치적 소통을 한다고 해서 아무 걱정이 없는 것은 아니다. 갈등과 스트레스가 따를 수도 있다. 중요한 것은 상처를 두려워하고 회피하기보다 솔직하게 이를 받아들이고 소통함으로써 극복하고자 노력해야 한다는 점이다.

코칭은 결국 나를 찾는 과정이자 자존감을 확인하는 작업이다. 그 자존감이라는 반석 위에 일치적 소통이라는 도구를 통해 다른 사람을 사랑할 때 비로소 나와 타인을 변화시킬 수 있다.

코칭의 목표는 결코 일의 성과나 성공이 아니다. 언제까지 무엇을 만들고 변화시킬지 계획을 세우는 한시적인 프로젝트가 아니기 때문이다. 코칭은 과정이며 방법이다. 또한 코칭은 관계 중심적이다. 방향을 일러주는 코치나 수용자나 서로 영향을 주고받으며 관계를 이어간다. 코치가 코치이보다 우월하다거나 탁월하다는 생각

따위는 불필요하다. 그렇기 때문에 실패와 좌절이 필연적일 수도 있다. 그런 과정 또한 변화의 한 부분으로 받아들여야 한다. 눈에 띄게 변화가 일어나지 않는다고 해서 조급해하거나 당황해할 필요는 없다.

유토피아란 결코 도달할 수 없는, 말 그대로 이상향일 뿐이다. 그런 유토피아가 우리 삶에 필요한 이유는 바로 삶에 방향성을 제시하기 때문이다. 코칭도 마찬가지다. 한꺼번에 모든 것을 이루려고 욕심을 내기보다는 목표를 향해 나아가는 과정 속에서 어제와 조금씩 달라지는 자신의 모습을 발견하고 성취감을 느끼는 데 그 의의가 있다. 또 그런 과정을 통해서 비로소 달라진 자신의 모습을 확인할 수 있다는 점을 기억하자.

"지혜로운 자와 동행하면 지혜를 얻고

미련한 자와 사귀면 해를 받느니라."

잠언 13:20

예수의 5단계 코칭법

1단계 준비 혹은 단절

이제 본격적으로 코칭에 대한 이야기를 시작해 보자. 앞서도 말했듯이 이 책에서 집중적으로 다룰 내용은 예수의 코칭법이다. 예수의 코칭은 단계적이면서도 맞춤형이라는 특징이 있다. 개개인에 따라 유연성 있게 적용하는가 하면, 변화를 유도하는 데 조급해하지도 않는다. 비전과 목표를 세우고 이를 향해 단계적으로 접근한다.

예수님이 말씀을 마치신 후 시몬에게 "깊은 데로 가 그물을 쳐서 고기를 잡아라" 하시자 시몬은 "선생님, 우리가 밤새도록 애써봤지만 한 마리도 잡지 못했습니다. 그러나 선생님이 말씀하시니 한 번 더 그물을 쳐보겠습니다" 하고 그물을 쳤더니 고기가 너무 많이 잡혀 그물이 찢어지게 되었다. 그래서 그들은 다른 배에 있는 동료들에게 도와달라고 손짓하였다. 그들이 와서 함께 두 배에 고기를 가득 채우자 배가 가라앉을 지경이었다.

시몬 베드로가 이것을 보고 예수님 앞에 꿇어 엎드려 "주님, 저는 죄인입니다. 제발 저를 떠나주십시오" 하였다. 이것은 자기뿐만 아니라 자기와 함께 있던 모든 사람들이 고기 잡힌 것을 보고 놀라고 또 그의 동업자들인 세배대의 두 아들 야고보와 요한도 놀랐기 때문이었다. 이때 예수님이 시몬에게 "두려워하지 말라. 이제부터 너는 사람을 낚을 것이다" 하자 그들은 배를 육지에 대고 모든 것을 버려둔 채 예수님을 따라갔다.(누가복음 5:4~11)

예수는 많은 제자들을 가르치고 변화시켰다. 그들과 함께 생활하고 교류하며 그들 스스로 변화를 위해 훈련하고 준비하도록 코치했다. 성경에는 예수의 이런 행적들이 잘 드러나 있는데, 이를 통해서 그의 코칭법에 일정한 패턴이 있다는 사실을 발견할 수 있다. 그 패턴을 크게 5단계로 구분하면 '준비→관심과 질문→공유와 공감→실행→평가'로 나눌 수 있다. 과연 예수가 이 5단계를 거쳐 어떻게 사람들을 변화시켰는지 각 단계별로 자세하게 알아보도록 하자.

　의욕만으로 이룰 수 있는 것은 아무것은 없다. 의욕만으로도 가능한 일이 있다면 세상에 노력이라는 단어는 존재하지 않을 것이다. 의욕이 끓어 넘친다면 그 에너지를 '준비'라는 항아리로 옮겨 담아야 한다. 준비의 항아리가 크고 그 내용이 알찰수록 긍정적인 결과를 얻을 수 있다. 넘치는 의욕만을 앞세워 급한 마음에 무작정 일을 저지르면 낭패 보기 십상이다. 준비는 자신을 다잡아 동기를 부여하고 그동안의 안이한 생각들을 정리하는 시간이다. 시작을 위해서는 그만큼 철저한 준비가 필요하다.

예를 들어, 아나운서가 꿈인 대학생이 있다고 하자. 그가 만약 적극적인 성격의 소유자였다면 학교를 다니면서도 틈틈이 방송사에서 아르바이트를 한다던가 시험을 보기 전 인턴십을 해보고, 어학 점수를 높이는 등 철저하게 시험 대비를 할 것이다.

반면 외모가 출중하고 목소리가 좋기 때문에 아나운서가 되어보라는 주위 사람들의 말에 '한번 시험이나 볼까' 하는 마음으로 무작정 도전하는 사람은 빈틈이 생기기 마련이다. 그리고 왜 아나운서가 되어야 하는지, 과연 아나운서가 적성에 맞는지 등 냉정한 고민과 준비 없이 도전하기 때문에 결과가 좋을 리 없다. 나름대로 준비했다고는 하지만 자세와 눈빛에 나타난 열정과 절박함이 열심히 준비한 사람에 비해 현격히 떨어질 것이 분명하기 때문이다.

코치의 입장 역시 다르지 않다. 스스로 준비되어 있지 않으면 타인을 변화시킬 수 없다. 코치는 당연히 역할 모델이 되어야 하고 그러기 위해서는 스스로 변화의 노력을 지속해야 한다. 그동안의 잘못된 습관과 사고방식으로는 아무런 변화도 꾀할 수 없다. 그런 의미로 볼 때 '준비'는 출발인 동시에 잘못된 과거와의 단절이다. 안

이한 사고와 그에 매몰된 생활 방식, 게으른 습관들에서 등을 돌리고 새로운 출발과 손잡는 것이다.

예수는 세상을 변화시키는 코치가 되기 위해 30년 동안 키워주신 부모님의 사랑하는 아들이자 충실하게 살아온 목수로서의 삶, 소소하고 평범한 인간으로서 누릴 수 있는 행복을 버리고 새로운 출발을 시도한다. 그는 먼저 세례를 받았다. 세례는 종교에 입문하는 사람이 그동안의 죄를 씻는 의식으로 예전 것을 버리고 새롭게 태어나는 것, 곧 출발을 의미한다.

잘 다니던 직장을 그만두고 공부를 시작하려고 할 때도 마찬가지다. 먼저 공부를 하겠다는 자신의 의지를 타인 앞에서 선언적인 발표를 해야 한다. 이때의 선언은 공식적인 약속이다. 그런 다음 당장 시작해야 한다. '내일부터 시작해야지' 하고 미루다보면 그 사이 여러 가지 변수가 발생할 수 있다. 직장을 다니지 않기 때문에 친구들과 더 어울리고, 늦게 일어나는 등 나태하게 생활하면 의지가 약해지는 것이다. 하지만 뒤늦게 공부를 시작한다는 것이 자칫 경력에 공백이 생기고 업무 능력이 떨어져 도태될 수 있다는 점을 인지하고 있으면 꾸준히 자신을 컨트롤하면서 공부에 매진하게 된다.

세례를 받은 예수는 이를 통해 자신을 돌아보고 새로운 각오를 다진다. 세례요한은 그가 메시아임을 알아보고 세례를 줄 수 없다고 말하지만 예수는 개의치 않는다. 누구에게서 받느냐가 중요한 것이 아니라 세례를 통해 자신의 의지와 결심을 새롭게 하는 것이 더 중요했기 때문이다. 예수는 이렇게 형식이 아니라 내용에 집중했다. 방식은 크게 상관없다. 스스로의 의지를 확인하고 새로운 출발을 시작하는 일이라면 그것으로 족하다. 인류 구원의 메시아로 이 땅에 온 예수는 어쩌면 일개 선지자에게 세례를 받는 것은 필요 없는 절차였는지도 모른다. 그러나 형식에 구애받지 않고 내용을 중시했던 예수였기에 소박하지만 진실한 세례를 통해 새로운 변화를 시작한다.

세례를 받자마자 예수는 광야로 향한다. 광야는 사람들이 살지 않는 황폐한 곳이다. 예수는 세례 직후 왜 그곳으로 향했을까? 그리고 왜 금식을 자초하며 자신을 힘들게 했을까?

예수는 광야를 새로운 변화를 시도하기 위한 하나의 훈련장으로 삼았다. 40일간 광야에서 경험한 생활을 통해 과거 인간으로서의 모습을 버리고 앞으로 자신이 행해야 할 임무에 대해 생각했다. 그리고 금식과 온갖 신체적 시련을 견뎌내는 극단의 상황을 경험함으로써 자신의 임무를 수행할 의지를 확인한 것이다.

광야, 즉 '텅 비고 아득히 넓은 들'은 그동안의 안락한 생활과의 단절을 의미한다. 새로운 사람으로 거듭나기 위해서는 익숙한 것들과의 단절이 필요하다. 변화는 지금까지의 모습에서 벗어나는 것이다. 그러기 위해서는 일상적인 생활 패턴을 바꾸고, 그림자처럼 붙어 있던 부정적인 과거도 버려야 한다. 버리지 않으면 새로운 것을 채울 수 없다. 하지만 하루아침에 해낼 수 있는 일이 아니므로 하나하나 차근차근 바꿔야 한다.

군에 입대해서 처음 보내는 4주간의 훈련 기간은 군 생활 전체를 좌우할 만큼 중요한 적응 시기라고 할 수 있다. 이 기간 동안 군 생활에 필요한 각종 정보와 기술들을 습득하는 훈련을 받게 되는데, 사실 더 집중해야 할 부분은 앞으로 펼쳐질 군대 생활을 어떻게 할 것인가에 대한 다짐과 준비다. 이 기간에 얼마나 준비하고, 어떤 마음가짐으로 임하느냐에 따라 남은 생활이 달라지기 때문이다.

과거 익숙한 것들과의 단절은 많은 시험과 유혹이 따른다. 담배를 끊겠다고 선언한 이후, 폐부를 가르는 깊은 한 모금의 유혹은 달콤한 꿀처럼 우리를 시험에 들게 한다. 옆 친구의 손가락 사이에서 빨갛게 불꽃을 피우며 타들어가는 담배에서 눈을 떼지 못하고 급기야 담배를 향해 손을 뻗는다. 수십 가지의 핑계로 스스로를 합리화하면서 말이다.

초기 유혹은 쉽게 무너질 수 있다는 단점이 있는가 하면, 그 고비를 넘기면 오히려 더 큰 힘을 얻을 수 있다는 장점도 동시에 가지고 있다. 담배를 끊은 직후 얼마 동안 나타나는 금단증상을 어떻게 극복하느냐에 금연의 성공 여부가 달려 있듯이, 시험은 반드시 필요한 과정이다. 40일간 지속했던 금식 기간 동안 예수 역시 사탄의 유혹을 받는다. 인간의 몸으로 있는 예수로서는 버티기 어려운 극한의 상황이었을 것이다. 하지만 예수는 말씀으로 이를 극복했다.

사탄 : 네가 하나님의 아들이면 이 돌을 빵이 되게 하라.

예수 : 성경에는 사람이 빵으로만 사는 것이 아니라 하나님의 모든 말씀으로 살아야 한다고 쓰여 있다.

사탄 : 네가 하나님의 아들이면 이 성전 꼭대기에서 뛰어내려 보아라.

예수 : 성경에는 주 너의 하나님을 시험하지 말라고 쓰여 있다.

사탄 : 네가 만일 나에게 절하면 세상의 모든 것을 너에게 주겠다.

예수 : 사탄아 썩 물러가라. 성경에는 주 너의 하나님을 경배하고 그분 만을 섬기라고 쓰여 있다. (마태복음 4:3~11)

여기서 우리가 주목해야 할 부분은 유혹을 물리치며 예수는 자신만의 원칙을 내세우고 있다는 점이다. 그 원칙은 하나님에 대한 믿음이었다. 그 믿음을 바탕으로 예수는 자신의 원칙을 세운 것이다. 예수가 '성경'에 근거한 명확한 원칙을 내세운 것처럼, 자신만의 원칙이 있으면 유혹은 어렵지 않게 뛰어넘을 수 있다. 예수는 하나님의 말씀을 자신의 원칙으로 삼았으며, 이를 근거로 생각하고 행동했다. 육체적으로 몹시 힘들고 지친 상태였지만 그럴수록 성경에 의지하며 스스로를 더욱 강하게 채찍질했다.

이스라엘 민족을 애굽에서 탈출시킨 모세 역시 광야에서 40년간 연단을 받고 시험을 거쳤다. 애굽 왕자의 신분이었지만 양을 치는 목자로 신분을 낮추고 자신을 돌아보는 시간을 가졌다. 이런 준비 기간을 통해 이스라엘 민족을 해방시킬 수 있었던 것이다. 변화의 첫 번째 단계인 준비 과정은 어떻게 보면 자신만의 원칙을 정립시키는 시간이라고도 할 수 있다.

예수는 언제 사람들을 떠나야 하며 자신의 임무를 완수할 수 있는지 명확하게 알고 있었다. 그렇기 때문에 핍박을 예상하고도 자발적으로 적지로 들어갔다. 그곳이 자신의 무덤이 될 것이라는 사실을 알면서도 임무를 다하기 위해 자신을 희생한 것이다. 그는 마지막 순간까지도 모든 일들을 준비하고 계획했다. 그리고 자신의 인생 전체를 설계하고, 완성된 설계도에 따라 자신의 삶을 꾸려나갔다.

자신이 세상을 향해 메시지를 전한 3년이라는 시간을 마무리하고 종교 지도자들이 있는 예루살렘으로 향할 때도 그는 타고 갈 나귀 와 제자들과의 만찬을 마련하는 등 세밀한 부분까지 준비했다. "너 희는 맞은편 마을로 가라. 거기에 가면 나귀 한 마리가 새끼와 함께 매어 있을 것이다. 그 나귀들을 풀어서 끌고 오너라."(마태복음 21:1~2) 또 제자들과의 마지막 만찬에서도 "너희는 성 안에 들어가 한 사람에게 가서 우리 선생님이 때가 가까우므로 제자들과 함께 댁에서 유월절을 지키겠다고 말해라"(마태복음 26:18) 하고 지시하며 마지막을 준비했다.

모든 일의 시작뿐만 아니라 끝맺음을 할 때도 준비 단계는 매우 중요하다. 예수는 제자들에게 자신이 제자들 곁을 곧 떠날 거라는 사실을 알리고 그들 스스로 자립할 수 있는 시간을 주어 마음의 준 비를 할 수 있도록 했다. 이처럼 진정한 코치는 자신이 떠날 때를 알고 그 계획에 맞춰 상대를 준비시킬 수 있어야 한다.

한 마디로 준비 단계는 과거의 나쁜 습관이나 생활 패턴과의 단 절인 동시에 자신만의 원칙을 세우는 과정이라고 할 수 있다. 이제 부정적인 과거를 버려라. 과거와의 단절은 변화의 첫걸음이자 준비 다. 우리는 익숙함이라는 거대한 늪에 빠져 정말 중요한 것들을 보지 못하는 경우가 많다. '내일은 회사에 출근해야 하니까', '내일까지 제출해야 하는 보고서가 있어서', '오늘 꼭 봐야 할 드라마가 있는데', '1년에 한 번뿐인 동창 모임이야' 하며 숱한 핑계를 내세워 과거의 익숙한 패턴에 끌려다닌다. 변화를 부르짖으면서도 정작 나태와 퇴보의 수렁 속으로 스스로 걸어 들어가고 있는 것이다. 그런 삶의 방식을 고수하면서 새로운 원칙을 세울 수는 없다. 자신의 생활을 객관적인 시각으로 한번 들여다보라. 여태껏 왜 그렇게 살았는지, 왜 열심히 노력했는데도 불구하고 항상 제자리였는지 절로 회한이 들 것이다.

단절의 시기를 전략적인 시간으로 만들려면 자신에 대한 원칙과 로드맵을 설정해야 한다. 과거와 똑같이 반복되는 일상 속에서는 자신의 문제점을 발견하기 어렵다. 예수가 광야로 나가 마귀와 대적했던 것처럼 우리도 변화의 과도기에서 발생하는 혼란과 유혹을 받아들이고 극복해야 한다. 그런 단계를 거쳐야 비로소 삶의 목표를 찾을 수 있는 나침반을 얻을 수 있다. 우리는 이런 과정을 중요하게 여기지도 않았을 뿐더러 설령 알고 있더라도 지나치게 생략하며 살아왔다. 하지만 이제 진정한 행복, 완전한 변화를 꿈꾼다면 더 이상 무시나 생략을 해서는 안된다. 이제 용감하게 광야로 나아갈 때다.

2단계 관심과 질문

우리는 종종 다른 사람과 소통하는 데 어려움을 겪는 상황에 직면하게 된다. 그리고 '왜 그런가'에 대해 진지하게 고민해 보면 뜻밖에도 문제의 대부분은 외부가 아니라 자기 자신에게 있다는 사실을 알게 된다. 소통은 공감대를 형성하는 과정이며, 이는 차이를 인정하는 것에서부터 출발한다. 부모와 자식, 남편과 부인, 상사와 부하직원, 의사와 환자 등 모든 관계에 존재하는 차이를 인정하지 않으면 문제가 생기는 것은 당연하다. '왜 나의 생각이 제대로 전달되지 않을까', '왜 저 사람은 자기밖에 모를까' 하고 고민해 봤자 결국 그 문제의 발단은 나에게 있다.

서로의 차이점을 인정하지 않는 것 이외에도 불통의 원인이 되는 것은 또 있다. 바로 타인의 말에 귀를 기울이지 않고 자신의 생각만 늘어놓는 무관심과 이기심이다. 제대로 소통하고 싶다면 타인에게 관심을 가져라. 상대방은 나를 객관적으로 볼 수 있는 창이다. 관심을 갖고 있지 않으면 상대가 어떤 말을 하더라도 이해하기 어렵다. 관심을 갖고 상대의 말을 경청할 때 자연스레 궁금한 점이 생기게 마련이고, 그에 따른 질문을 통해서 서로에 대해 점차 깊게 많은 것을 알 수 있게 된다. 이런 과정을 통해서 서로 교감을 나누게 되는데, 이때의 교감은 서로를 변화시키는 긍정적인 힘으로 작용한다.

예수는 남녀노소를 막론하고 자신이 먼저 사람들 곁으로 다가갔다. 병들고 힘없는 사람들은 물론 세리, 유대인, 바리새인 등의 종교 지도자, 어린아이들과 여자들, 그 어떤 사람과도 함께하기를 꺼려하지 않았다. 예수는 변화를 이끌기에 앞서 그들과 함께하며 아낌없는 관심을 쏟아부었다. "너희는 나를 누구라 생각하느냐?", "왜 슬피 울고 있느냐?", "바라는 것이 무엇이냐?" 등 그들의 이야기를 들으며 끊임없이 질문하고 대화를 이어나가며 소통을 유도했다. 예수는 어떤 사람을 만나든 우선 그의 진면목을 제대로 알아야 변화시킬 수 있다는 단순하지만 중요한 진리를 실천한 것이다.

자신을 적대시하고 비난하는 바리새인의 초대에도 기꺼이 응했다. 그 자리에서는 예수를 시험하는 질문이 이어졌다. 향유를 부어 예수의 발을 씻긴 죄 많은 여자에 대해서, 안식일에 왜 손을 씻지 않는지에 대해서, 왜 세리나 죄인들과 함께 식사하는지에 대해서 등 예수를 궁지로 몰아넣으려는 당혹스러운 질문들이 쏟아져도 그는 그들과 함께 식사하며 끝까지 자리를 지켰다. 자신을 비난하고 미워하는 사람들도 사랑으로 끌어안았다.

예수는 당시 유대인과 접촉이 금기시되던 사마리아인에게도 관심을 보였다. 그는 사람들이 찾지 않는 정오에 우물가에 앉아 물을 길러 온 사마리아 여인을 관찰한 뒤 그녀에게 물을 달라고 한다. 그러자 여인은 "당신은 유대인인데 어찌 사마리아인에게 물을 달라고 하십니까?"라며 의아한 반응을 보인다. 예수는 여인에게 관심을 가짐으로써 그녀의 문제가 무엇인지 깊이 고민한다. 관심은 질문으로 이어졌고 질문을 통해 상대가 스스로 자신의 마음을 털어놓도록 했다.

여인은 결국 숨기고 싶었던 남편들에 대한 이야기를 털어놓는다. 남편을 데려오라는 갑작스러운 예수의 말에 사마리아 여인은 남편이 다섯이나 있었음에도 불구하고 남편이 없다고 말한다. 그러자 예수는 "네 말이 옳다"고 말하며 그녀의 마음을 헤아린다. 그는 남편이 다섯 명이나 되었던 사마리아 여인의 처지와 고민을 이해하고 그녀에게 영원히 마르지 않는 구원이라는 메시지를 전한다.

이후 이틀간 그 지역에 더 머물며 메시지를 전하는 과정을 통해서 예수는 그들의 아픔을 현실적으로 인식하게 된다. 이는 사마리아 여인에 대한 관심을 넘어서 사마리아 사람들의 문제와 고민이 무엇인지에 대한 인식이었다. 이런 과정을 통해 예수는 사마리아인들을 구원하기에 이른다.

예수는 우물가에서 만난 사마리아 여인에게 관심을 가졌고 그녀를 관찰했다. 그럼으로써 사마리아인들에게 다가가 그들의 고민과 문제를 이해했다. 그런 뒤 진심으로 그들의 이야기에 귀를 기울여 그들의 문제를 확인하고 이해한 뒤 그들의 문제를 치유해 주었다. 이것이 바로 예수가 실천한 '관심→관찰→관심 표명(질문)→문제 확인→치유'의 단계다.

또한 예수 자신은 영적인 세계를 추구했음에도 불구하고 사람들의 본능적인 욕구에 대해서도 인정할 줄 아는 유연성을 보였다. 예수는 배고파하는 사람들에게 '오병이어의 기적'을 베풀어 먹였으며, 병든 사람을 치료했다. 아무리 자신의 옳은 생각을 설파하려고 해도 가장 기본적인 욕구가 충족되지 않으면 아무 소용없다는 것, 상대가 무엇을 원하는지 정확하게 알지 못하면 참된 소통이 불가능하다는 것을 알기 때문이다. 그래서 예수는 자신의 제자들이 메시지를 이해하지 못했을 때 내용을 반복해서 설명한다. "예수가 혼자 계실 때 제자들이 와 아까 말씀하신 비유의 뜻을 묻자"(마가복음 4:10), "제자들이 이 말씀에 대해 다시 묻자"(마가복음 10:10) 등의 성경 구절을 통해 예수가 상대의 눈높이에 맞춰 코칭했다는 것을 알 수 있다.

예수가 사람들을 진심으로 이해한 것처럼 코칭도 상대의 욕구와 그가 처한 현실을 이해하는 것에서 출발한다. 상대의 눈높이를 고려하지 않은 채 무리하게 접근을 시도하면 코치와 코치이 간에 벽이 생긴다. 처음에는 코치가 제시한 계획이 바람직하다고 여기고 따르지만 시간이 지나면서 자신이 생각했던 것과 다른 방향으로 진행된다고 느끼면 결국 괴리감으로 인해 포기하게 된다.

만약 게임에 푹 빠져 있는 아이에게 시험 기간에는 절대 게임을 해서는 안 되고 오직 공부만 하라고 말해 보라. 아이는 부모와 시험에 대한 두려움으로 며칠 동안은 열심히 공부만 할 것이다. 하지만 아이는 곧 포기하고 만다. 아무리 공부할 수 있는 여건과 환경을 만들어 준다고 해도 어린아이의 기본적 욕구인 놀이가 충족되지 않으면 소용없기 때문이다. 그보다는 공부할 때는 공부에 집중할 수 있도록 격려하고, 놀이 시간에는 아이가 흡족할 만큼 충분히 배려해서 아이의 욕구를 충족시켜 주는 것이 더 바람직한 코칭법이라고 할 수 있다.

관심은 관찰을 통해 나타나며 코칭은 상대와의 차이를 인정하고 그들의 문제를 이해하는 것에서 시작한다. 그리고 "네 말이 옳다"라는 예수의 말처럼 상대의 모습을 있는 그대로 수용하고 이해하는 자세가 필요하다. 여기서 관찰은 단순히 상대에게만 국한되지 않는다. 사마리아 여인의 사례를 통해서도 알 수 있듯이 그녀가 처한 사회적, 문화적 현실을 이해함으로써 더 깊고 폭넓은 문제 해결에 접근할 수 있다. 그뿐만 아니라 인간이기 때문에 가질 수밖에 없는 기본적인 욕구를 파악하고 이해할 수 있어야 한다.

예수가 사람들에게 관심을 보이며 말을 건넸을 때 사람들은 스스럼없이 자신의 고민을 털어놓았다. 당시 유대인과의 대화를 금지하고 있던 사마리아 여인까지도 말이다. 어떻게 그런 일이 가능했을까?

그 비밀은 바로 예수의 질문 기법에 있다. 사람들은 보통 처음 보는 사람에게 경계심을 갖기 마련이다. 하지만 예수는 사람들의 경계심을 온화한 품성과 따뜻한 관심으로 무력화했다. 이후 사려 깊은 관찰을 통해 상대 스스로 소통의 문을 열도록 질문을 던진다. 예수의 따뜻한 눈빛과 차분한 어조, 상대를 배려하고 이해하는 관심 어린 질문이 굳게 닫힌 마음을 열게 한 것이다.

3단계 공유와 공감

지금까지도 회자되고 있는 링컨의 게티즈버그 연설이 사람들에게 큰 감동을 주는 이유는 현장을 직접 찾아다녔던 그의 노력 덕분이다. 링컨은 2분짜리 게티즈버그 연설을 위해 게티즈버그의 묘지 관리인에게 편지를 썼고, 정적(政敵)에게까지 자신의 연설문을 보여주었으며, 직접 전쟁터를 누비며 군인들이나 일반 국민들이 느꼈을 참혹함을 온몸으로 경험했다. 그렇게 현장에서 체득한 자신의 느낌을 연설문 속에 고스란히 녹여냈고, 그 결과 연설장에 모인 수많은 사람들을 감동시켰다. 예수 역시 현장에서의 생활을 기꺼이 선택했다. 회당에서, 세리의 집에서, 뒷동산에서, 성전에서, 배 위에서, 산 위에서, 사람이 있는 곳이라면 어디든 가리지 않고 찾아가 자신의 메시지를 전달하고 기적을 행했다.

아무리 훌륭한 내용의 연설이라도 청중의 마음을 헤아리지 못하면 핵심 메시지를 전달하지 못하고 겉돌기만 하다가 허무하게 끝나버린다. 그전에 혼자만의 생각에서 과감히 나와 상대방과 교감해야 한다. 사람들의 마음을 헤아리고 공감을 얻기 위한 방법 중 하나는 함께 식사를 하는 것이다. 특히 예수는 사람들과 식사하며 진행하는 코칭을 많이 사용했다.

어느 날 예수의 설교를 듣기 위해 수많은 사람들이 모여들었다. 몇 백 명이던 군중이 금세 몇 천 명으로 불어났다. 예수는 비유와 사례를 들어 열정적으로 설교에 집중했다. 느낄 새도 없이 시간이 흘러 저녁때가 되었다. 청중의 반응을 살피던 예수는 다섯 개의 빵과 두 마리의 물고기로 성인 남자 5,000여 명의 허기진 배를 채우는 기적을 베풀었다. 음식을 공유하며 함께 나누는 행위를 통해 커다란 공감대를 형성할 수 있다는 것을 잘 알고 있던 예수는 더 많은 사람들과 함께 식사하며 소통의 문을 열었다.

함께 '먹는다' 는 행위는 눈높이를 같이하며 음식을 공유하는 것이다. 그 순간 식탁 위에서는 모두가 평등하다. 같은 음식을 먹으며 같은 위치에서 서로의 눈을 바라보며 인간으로서 느끼는 배고픔과 먹는 즐거움을 공유한다. 이런 공감대는 자연스럽게 마음을 열게 하며 끈끈한 유대감을 불러일으킨다. 서로 불신하거나 갈등 관계에 있는 사람들이 한 식탁에 앉아 음식을 먹는 일은 참 어려운 일이다.

누군가와 친해지고 싶거나 호의를 베풀고 싶을 때 "같이 밥 먹으러 가자!"라거나 "제가 식사라도 한 끼 대접하고 싶습니다"라고 말하는 것은 '당신과 친해지고 싶다'거나 '당신에게 호감을 갖고 있다'라는 마음의 표현이다. 이처럼 함께 밥을 먹는다는 것은 사람과 사람 사이를 이어주는 매개체다.

또한 예수는 제자들과 함께 공동체 생활을 함으로써 서로의 참모습을 발견하고 서로를 더 깊이 이해하는 경지에 이를 수 있었다. 그 과정에서 형성된 서로에 대한 신뢰는 예수가 세상을 떠난 후 제자들의 행동에서 그대로 드러난다. 예수의 메시지를 전하기 위해서 그들은 목숨까지 내어놓는다. 신뢰를 바탕으로 한 인간적인 교류와 교감이야말로 코칭의 핵심 기술이다. 그만큼 다른 사람에게 신뢰받기는 힘들고 어려운 과정이다. 신뢰를 쌓는 데는 있는 그대로의 모습을 보여주는 게 가장 좋은 방법이다. 하지만 나이가 들면 들수록 그렇게 하기가 쉽지 않다. 그래서 상대방의 신뢰를 얻기 위해 때때로 자신을 꾸미거나 속인다. 하지만 진정한 신뢰를 쌓기 위해서는 가면 속에 감춘 자신의 참 모습을 드러내고 상대의 평가와 피드백을 받아들이며 서로를 맞춰가야 한다.

한 번이라도 공동체 생활을 해본 사람이라면 규칙의 중요성을 잘 알 것이다. 규칙을 무시하면 어느 순간 구성원들 간에 충돌이 생기게 마련이다. 설령 나이가 많거나 지위가 높더라도 장기간의 공동체 생활은 불만을 낳고 불만은 위기를 불러온다. 그렇기 때문에 공동체 생활은 전인적인 교류와 공감이 이루어져야 한다. 그러기 위해서는 습관과 원칙의 수정이 필요하며 최우선적으로 해야 하는 것은 자신을 버리는 것이다. 각자가 자신만의 원칙과 습관만을 고집하면 발생한 문제는 결코 수습되지 않는다.

권위와 카리스마에 압도되어 예수를 믿고 따랐던 제자들이라고 해도 만일 그가 독단적인 생활 방식을 고수했다면 제자들은 실망을 감추지 못하고 예수 곁을 떠났을 것이다. 하지만 예수는 제자들과의 합숙을 통해서 서로의 원칙을 존중하고 규칙을 조율했다. 물론 성경에 이런 내용이 직접적으로 언급되어 있지는 않지만 성경의 여러 내용을 종합해 볼 때 충분히 짐작할 수 있는 부분이다. 거짓 없이 자신을 드러내고 서로의 의견을 조율하는 과정을 통해 서로를 이해하며 진심을 나누는 것, 그것이 바로 공감을 얻어내는 핵심 기술이다.

4단계 메시지와 실천

예수의 실행 방법은 크게 메시지와 실천으로 나눌 수 있다. 3년이라는 시간 동안 예수가 많은 사람들을 변화시킬 수 있었던 것은 효과적인 메시지 전달 때문이다. 우리는 예의바른 말의 중요성을 잘 알고 있다. 하지만 바른 말에 대한 정확한 이해와 인식이 전제되지 않으면 무의식중에 좋지 않은 습관이 나올 수 있다. 인식의 변화가 전제되어야 행동도 따라서 변화한다. 이때 자신만의 메시지를 만들어 계속 실천해야 한다.

최근 들어 스피치에 대한 관심이 매우 높아졌다. 교수들의 강의 기법, CEO의 스피치 기술, 과학자들의 프레젠테이션 기법, 법조인들의 법정 언행 스피치 등 화술에 별로 관심이 없던 분야에서도 적극적으로 스피치를 배우고자 한다. 하지만 컨설팅과 강의를 하면서 느낀 점은 스피치가 왜 필요한지에 대한 인식의 변화가 없는 한 발전도 없다는 것이다. 단순히 스피치가 중요해진 외부 환경 때문에 마지못해 훈련을 하는 것이라면 결코 변화와 발전을 불러올 수 없다.

최근에는 판사들 또한 법정 언행에 대한 관심이 높아져서 스피치 강의를 듣는 경우가 많은데, 녹화된 재판 과정으로 평가를 받기도 한다. 한 판사가 나의 강의를 들은 후 재판 과정의 스피치에 대해 모니터를 받게 되었다. 처음에는 강의에서 가르친 것처럼 피의자를 배려하고 존중하는 태도를 보였다. 그러다 한 시간이 지나고 지루한 재판이 이어지자 판사는 자신도 모르게 습관대로 행동하고 말았다. 그는 존대와 반말을 섞어 쓰는 좋지 않은 습관을 가지고 있었다. 자신도 모르게 반말이 마구 튀어나왔고, 재판 과정이 녹화된다는 사실을 인지한 후에야 다시 말을 정정하는 웃지 못할 장면이 연출되었다.

배려가 무시된 채 권위만을 앞세운 말하기 방식 또한 바람직하지 않기는 마찬가지다. 이런 사람들이 하는 이야기의 내용은 대부분 자기중심적이다. 권위를 앞세워 자신의 이기심을 합리화하는 이런 이야기 방식은 상대를 이해시킬 수도, 설득시킬 수도 없다. 코칭을 할 때도 왜 자신이 변해야 하는지에 대한 명확한 근거와 메시지가 있어야만 한다. 그런 메시지에 공감할 때 사람들은 자신을 돌아보고 변화의 필요성을 절감하기 때문이다.

예수는 명확한 근거를 바탕으로 설득력 있는 메시지를 전달함으로써 사람들로 하여금 공감을 불러일으키고 그들 스스로 인식의 변화를 가져오도록 했다. 율법의 시대에 억눌렸던 사람들에게 구원의 의미를 전했으며, 갈등과 투쟁의 로마 시대에 평화와 용서의 메시지를 전했다.

이스라엘 사람들은 봉기와 투쟁을 통해 무작정 세상을 변화시켜야 한다는 생각을 가지고 있었다. 그들은 어떤 방법을 동원해서라도 로마의 폭정에서 해방되는 것이 목표였다. 그런 생각은 갈등과 불만으로 이어졌고, 로마에 대한 반감은 서로 간의 불신으로 확대되었다. 가진 자와 그렇지 못한 자, 율법을 지키는 자와 그렇지 않은 자 사이 갈등의 골은 깊이를 더해갔다. 잘못된 인식과 믿음이 사람들의 삶을 더욱 피폐하게 만든 것이다. 예수는 그런 그릇된 인식을 변화시키고자 '진정한 구원은 믿음이며 그것은 바로 사랑'이라는 메시지를 전파하기에 이른다. 그의 메시지는 공감을 불러일으켜 사람들의 가슴 깊숙이 선해셨고, 예수가 부활한 후에도 오랜 시간 역사를 통해 그 힘을 발휘하게 된 것이다.

예수의 메시지는 무화과나무, 포도나무, 달란트, 종 등 많은 비유들로 가득하다. 당시 교육받지 못한 어린이와 여인들뿐 아니라 바리새인, 세리 등에게도 메시지를 전할 때 비유만큼 효과적인 방법이 없었던 것이다. 더군다나 생활 속에서 보고 겪은 사물과 사건을 비유함으로써 더 쉬운 연상 작용이 이루어지도록 했다.

예수의 실천은 두 가지 관점으로 나눌 수 있는데, 그중 하나가 자발적인 실천력이다. 소크라테스가 자신의 신념을 지키기 위해 독배를 마셨던 것처럼 예수는 자신의 신념을 위해 십자가를 짊어졌다. 그는 자신의 신념을 구현하기 위해 낮은 곳에서 힘들고 병든 사람과 함께했으며 모든 사람을 용서하고 구제했다. 예수의 삶 자체가 곧 메시지의 실천이었던 것이다.

타인을 변화시키고자 하면서 정작 자신은 변화하지 않는다면 이보다 더 큰 모순은 없을 것이다. 예를 들어, 늘 성실을 강조하며 직원들을 채근하는 사장이 정작 게으른 모습으로 일관한다면 그의 말은 당연히 설득력을 갖지 못한다. 창의성을 부르짖으며 아이디어를 요구하는 상사가 구태의연한 사고와 고정관념에 사로잡혀 있다면 부하직원들은 그를 신뢰하지 못할 것이다. 스스로 자신의 메시지를 철저히 실천하는 모습이야말로 타인을 변화시킬 수 있는 가장 큰 원동력이다.

예수는 사람들이 원하는 것을 이룰 수 있도록 즉시 실천에 옮겼다. 배고픈 사람에게는 먹을 것을 주었고, 위로가 필요한 사람에게는 따스한 관심을, 병든 사람에게는 치료를, 앉은뱅이에게는 걸을 수 있는 힘을 주었다. 원칙에 어긋나거나 도저히 변화할 가능성이 보이지 않는 무리들에게는 직접 행동으로 메시지를 전했다. "성전에 들어가 거기서 장사꾼같이 매매하는 사람들을 다 쫓아내시고 돈 바꿔주는 사람들의 상과 비둘기를 파는 사람들의 의자를 둘러 엎으셨다. 그리고 아무도 물건을 가지고 성전 안에 들어오지 못하도록 하였다"(마가복음 11:15~16)의 성경 구절에서 알 수 있듯이 그는 직접 행동했다.

　예수는 또 다른 사람이 자발적으로 행동할 수 있도록 여건을 만들어주었다. 상대의 눈높이에서 질문하고 기다릴 줄 아는 배려와 인내심으로 상대가 스스로 답을 찾도록 유도했다.

　어느 날, 부유하게 살고 있던 한 청년이 찾아와 예수에게 물었다. "선생님, 영원한 생명을 얻으려면 어찌해야 되나요?" 그러자 예수는 "계명을 지켜야 한다"고 대답했다. 청년이 "어느 계명입니까?" 하고 다시 묻자, 예수가 대답했다. "살인하지 마라, 간음하지 마라, 도둑질하지 마라, 거짓 증언하지 마라, 네 부모를 공경하라, 네 이웃을 네 몸과 같이 사랑하라는 계명이다." 예수의 말에 청년은 "저는 이것들을 다 지켰는데요. 아직 부족한 것이 무엇인가요?" 하고 또 물었다. "네가 완전한 사람이 되려면 가서 네 재산을 다 팔아 가난한 사람들에게 주어라. 그러면 너는 하늘의 보물을 얻게 될 것이다." 이 말을 들은 청년은 한참을 고민한 뒤 그 자리를 떠났다.

　또 하루는 니고데모라는 유대인 의회 의원이 찾아왔다. "선생님, 우리는 당신을 하나님께서 보내신 분이라고 알고 있습니다. 하나님이 함께하시지 않으면 선생님이 베푸는 기적을 아무도 행할 수 없습니다"라고 말했다. 이 말을 들은 예수는 "내가 분명히 말한다. 누구든지 다시 나지 않으면 하나님의 나라를 볼 수 없다"라고 대답했다. 예수의 이 말은 니고데모에게 큰 충격으로 다가왔다. 자신이 알고 있는 지식으로는 다시 태어난다는 말을 결코 이해할 수 없었다. 예수는 충격요법으로 니고데모의 호기심을 자극한 것이다. 니고데모는 예수에게 다시 물었다. "사람이 늙으면 어떻게 다시 태어날 수 있습니까? 어머니 뱃속으로 다시 들어가 태어난다는 말입니까?" 그러자 예수는 그에게 메시지를 전한다. "누구든지 물과 성령으로 거듭나지 아니하면 하나님 나라에 들어갈 수 없다."

다시 태어난다는 것은 곧 인식의 변화와 함께 생활의 변화를 가져오는 것, 다시 말해 육체적인 생각이 영적인 것으로 바뀌는 것을 의미한다. 이처럼 예수는 코칭 과정에 대화법과 인터뷰 기법을 적극 활용해 사람들이 스스로 행동하도록 유도하였다.

5단계 철저한 평가

예수의 코칭법 중 또 하나의 특징은, 결코 자신의 메시지를 강요하지 않았다는 것이다. 사람들 혹은 제자들이 스스로 느끼고 판단하도록 했다. 자신이 할 수 있는 모든 방법을 농원해 메시지를 전달하고 몸소 실천하며 사람들의 자연스러운 변화를 기다렸다. 그렇다고 무관심하게 방치한 것은 아니다. 예수는 평가를 통해서 사람들의 행동을 판단했다. 판단의 기준도 상대의 수준에 따라 각기 달리했다. 동일한 메시지를 전달했더라도 이를 받아들이는 상대의 각기 다른 능력과 수준에 따라 평가를 달리한 것이다. 이러한 변화에 대한 철저한 평가는 다음의 변화를 꿈꿀 수 있는 초석이 된다.

핵심 세력인 제자들의 평가에서는 철저한 방식을 유지했다. 권한을 부여하고 이를 제대로 수행하지 못했을 때는 엄하게 꾸짖으며 문제의 원인을 자세하게 설명하고 이해시켰다. 간질병에 걸린 사람을 고치지 못한 제자들에게 "믿음이 없는 세대야, 내가 언제까지 너희와 함께 있어야 하겠느냐? 너희를 보고 내가 언제까지 참아야 하겠느냐? 아이를 데리고 와라" 하며 예수는 몹시 화난 어투로 말한다. 그런 뒤 제자들 앞에서 몸소 병을 고치는 모습을 보이고는 그 방법을 다시 설명했다. 이어서 "이 말을 귀담아들어라. 나는 머지 않아 사람들의 손에 넘어가게 될 것이다"(누가복음 9:44)라며 자신이 곧 떠날 것이라는 사실을 암시함으로써 제자들로 하여금 더욱 분발하도록 유도했다.

이런 엄격한 평가를 한 예수도 제자들의 성과에 대해서는 격려하였다. 따로 임명한 일반 제자 72명이 선교 여행을 다녀온 후 성공적인 결과를 말하자 크게 기뻐하며 "이젠 아무도 너희를 해칠 수 없을 것이다"라고 격려한 후 자만하지 말 것을 충고한다. "귀신들이 너희에게 복종한다고 기뻐하지 말고 너희 이름이 하늘에 기록되어 있는 것을 기뻐하여라"(누가복음 10:20)라고 말한다.

예수는 메시지를 전달한 뒤 충분히 기다려도 변화를 보이지 않는 사람들에게는 서슴없이 "고라신아, 벳새다야, 너희에게 불행이 닥칠 것이다. 너희에게 행한 기적들을 두로와 시돈에서 행했다면 그들은 벌써 회개했을 것이다"라고 꾸짖었다. 또 유대인에게는 "내 양이 아니다"(요한복음 10:26)라고 냉정하게 평가를 내렸으며, 문둥병을 고친 후 감사한 마음을 갖지 않은 9명의 사람들에게는 문제를 제기하며 감사한 마음을 가진 한 명에게 "일어나 가거라. 네 믿음이 너를 낫게 하였다"(누가복음 17:16)라는 말로 축복했다.

미국의 자동차 회사인 GE의 최고경영자였던 잭 웰치의 소통 방식 중 많은 사람들이 주목하는 부분은 간결한 메시지 전달과 솔직한 평가 체계다. "스티브, 당신이 다음 분기까지 일정한 성과를 내지 못하면 나는 당신을 해고할 수밖에 없어요. 최선을 다해주세요. 그리고 문제가 있으면 나에게 물어보세요. 나는 다음 분기까지만 당신을 도울 수 있습니다." 이처럼 그는 지나칠 정도로 솔직한 평가를 내리는 것으로 유명하다. 너무 냉혹한 처사가 아닌가 싶기도 하지만 상대로 하여금 다시 한 번 심기일전할 수 있도록 만들어주는 계기가 될 수 있다.

우리 사회의 평가 시스템을 보면, 평소 상사가 말하는 평가와 실제 평가 사이에 많은 차이가 있다는 사실을 알 수 있다. 평상시에는 별다른 문제 제기도 하지 않다가 실제 인사 평가에서는 신랄하고 비정하기까지 한 상사들이 허다하다. 이런 일이 발생하는 것은 체면이나 정(情) 등의 정서적 문제로서, 상대에게 그때그때 직접 문제를 제기하는 것을 매우 불편해하기 때문이다. 하지만 상사인 자신이 우물쭈물하는 사이 부하직원이나 주변 사람들이 서서히 매너리즘에 빠질 수 있다는 사실을 깨달아야 한다. 상황과 개인에 따라 개별적이고 효과적인 평가는 반드시 필요하기 때문이다. 그런 평가가 있어야만 직원들은 자기반성을 하게 되고 그것을 통해 긍정적인 발전, 즉 변화가 일어난다.

"구하라 그러면 너희에게 주실 것이오, 찾으라 그러면 찾을 것이오,
문을 두드리라 그러면 너희에게 열릴 것이니…….."

마태복음 7:7

변화를 위한
예수의 5가지 실전 스킬

교육도 받지 못하고 부유하지도 않은 젊은이가 글로 남긴 것도 없이 3년이라는 짧은 기간 동안 길거리에서 한 설교는, 2,000년 동안 이 세상에 살았던 그 어느 지배자나 황제, 과학자, 철학자를 다 더한 것보다 더 큰 영향을 끼쳤다.

위의 글은 레이건 미국 전(前) 대통령의 크리스마스 라디오 연설 중 한 대목으로, 예수의 소통 능력을 잘 보여주는 단적인 예다. 정규교육을 받지도 않았고 태어난 곳에서 100마일 밖으로 나가보지도 못한 사람이 지구의 모든 나라와 문화, 언어에 2,000년 동안 지속적으로 영향을 주고 있는 것은 시공간을 초월한 탁월한 소통 능력 때문이라고 할 수 있다.

수많은 사람을 변화시킨 예수 코칭법의 저변에는 소통의 기술이 깔려 있다. 코칭을 잘하기 위해서는 다양한 소통 기술이 필요한데, 우선 코치와 수용자 간에 상호 교섭이 이루어져야 한다. 코치는 코치이에게 적절한 방법으로 메시지를 전달하고 수용자의 말을 경청하며 그 내용의 진의를 파악한다. 그럼으로써 각기 다른 시각을 가진 사람들이 서로 공감대를 만들어 그 넓이와 깊이를 점점 확장해 나갈 수 있다. 이런 과정을 통해 자신뿐 아니라 다른 사람의 변화도 꾀할 수 있다. 우리의 1차 목표는 '나'의 변화이지만, 결국 변화의 완성은 나와 함께 주변 사람들도 변화시키는 것이다. 관계라는 그물 안에 있는 인간에게 진정한 변화란 바로 이런 것이다. 주변의 변화와 나의 변화가 동시에 이루어지게 되고, 나는 코치이자 코치이가 되는 것이다.

이때 상호 교섭을 이끌어내기 위해서는 몇 가지 전제가 따라야 한다. 먼저 상대를 변화시키는 코치의 기본자세로서 누구보다 자기 자신에 대해 정확하게 이해하고 있어야 한다. 자신의 능력을 명확하게 알고 있어야만 할 수 있는 것과 할 수 없는 것을 구별할 수 있다. 자신의 한계를 뛰어넘어 무리한 방법으로 상대를 코칭하려고 하면 오히려 어렵게 맺은 관계가 흔들릴 수 있다.

다음은 상대에 대한 정확한 이해다. 이해한다는 것은 상대방의 의견에 무조건 동의하는 것과는 다르다. 이해는 서로의 차이를 인정하는 것이며, 상대를 인정하는 순간 상대와 코치인 자신과의 차이를 발견할 수 있다. 또 상대가 처한 상황을 이해하는 것도 중요하다. 관계는 사회적, 문화적 맥락을 바탕으로 이루어지기 때문에 어떤 문제든 코치와 코치이 둘만의 문제로 끝나지 않는다.

또 하나의 전제는 관계를 시작하는 상대의 자세다. 상대방이 열린 마음을 가지고 있다면 가장 이상적인 관계가 형성될 수 있지만 보이지 않는 벽과 갈등을 쌓고 있다면 아무리 좋은 코치일지라도 변화를 이끌어내기는 어렵다. 상대방에게 변화에 대한 최소한의 의지라도 있을 때 코치 자신도 비로소 희망과 가능성을 가질 수 있다. 그러나 상대가 그 정도의 의지조차 갖고 있지 않다면 코치는 상대를 변화시키기는커녕 상황을 더 악화시킬 가능성이 높다. 그때는 직접적인 접촉보다는 기다림과 관찰이 더 필요하다. 따라서 코치는 코치이의 상태를 냉철하고 세심하게 관찰한 후 판단해야 한다.

코칭을 잘하기 위해서는 기본적으로 자신의 메시지를 전달하는

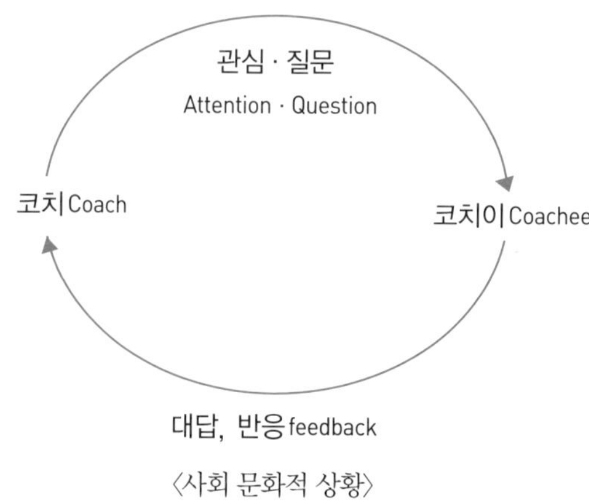

〈사회 문화적 상황〉

스피치 기술과 상대 이야기의 핵심을 파악하는 경청 능력이 선행되어야 한다. 더불어 소통이 진행되는 과정들을 제대로 이해하고 파악하는 상황 판단 능력도 필요하다. 이런 기본적인 스킬들이 담보되었을 때 효과적인 코칭이 가능하다. 사람들을 변화로 이끈 예수만의 비법을 하나하나 자세하게 살펴보도록 하자.

공감 능력을 키워라

여우는 먼 여행에서 돌아온 두루미를 저녁 식사에 초대했습니다. 여우는 두루미가 먹을 수 없는 납작한 접시에 음식을 담아 대접했습니다. 아무것도 먹지 못한 두루미가 이번에는 여우를 자신의 집으로 초대했죠. 그러고는 여우가 음식을 먹을 수 없도록 주둥이가 긴 병에 음식을 담아 내왔습니다. 결국 여우도 식사를 할 수 없었습니다.

매우 유명한 이솝우화 중 한 부분이다. 이야기에 등장하는 여우와 두루미 중 누구의 잘못이 더 클까? 만약 여우가 두루미의 특성을 미리 알고 있었다면 납작한 접시에 음식을 담아 내놓는 일은 없었을 것이다. 또 두루미가 여우의 실수가 의도적인 게 아니라고 생각했다면 서로 간의 오해와 불신은 생기지 않았을 것이다. 그날 이후 여우와 두루미는 두 번 다시 서로를 식사에 초대하지 않는 것은 당연하고, 평생 서로를 원수로 여기며 살았다고 해도 큰 무리는 없을 듯하다. 이렇게 서로 간의 차이를 깨닫지 못한 여우와 소통 불능의 상황을 악의로 되갚은 두루미의 행동은 실제로 우리가 흔히 저지르는 그릇된 행동의 대표적인 예라고 할 수 있다.

만약 여우가 자신과 두루미의 입 구조가 다르다는 사실을 알았다면 어땠을까? 아마 여우는 두루미를 배려해 주둥이가 긴 병에 음식을 담아내었을 것이다. 이렇게 상대방의 입장에서 생각하고, 상대방을 관찰하면 소통하는 과정에서 발생하는 많은 오해를 줄일 수 있다. 예수 또한 항상 자신을 비우고 상대방의 것을 받아들이는 일을 먼저 했다. 다시 말해 상대의 입장에서 생각하고, 상대방의 입장을 이해하기 위해 노력한 것이다. 성경에 기록되어 있는 예수의 행적들을 따라가다 보면 상대를 세심하게 관찰하며 배려하고 그들의 생각이나 문화를 수용하는 따뜻한 시선을 느낄 수 있다.

예수는 밤새 그물을 던져도 허탕만 치는 제자들의 절박함을 헤아려 물고기가 아닌 사람을 낚는 어부를 만들어주는가 하면, 메시지를 전할 때 배고파하는 군중들의 모습을 외면하지 않고 기적을 베풀어 그들의 허기를 채워주었다. 또 귀신 들린 사람과 병든 사람, 장애가 있는 사람들을 감싸 안으며 기꺼이 그들과 함께했다. 모든 사물, 모든 사람과 공감하며 낮은 곳에서 함께 하는 그의 모습은 사람들에게 감동을 불러일으키기에 충분했다. 어느 날 자신들의 발을 정성스럽게 씻겨주는 예수의 모습에서 제자들은 큰 감동을 받게 되고 결국 그를 위해 목숨까지 바칠 수 있다는 확신을 갖는다.

공감은 상대의 있는 그대로의 모습을 인정하고 기다리는 것이다. 다시 말해, 상대에 대해 믿음을 갖는 것이라고 할 수 있다. 예수는 자신이 잡혀가는 날 베드로에게 그가 자신을 부인할 것이라고 미리 귀띔한다. 베드로는 당시 예수의 말을 섭섭하게 여기지만 실제로 예수가 잡힌 그날 밤, 예수를 세 번 부인한다.

예수는 부활한 후 다시 베드로를 찾아가 만난다. 하지만 그를 질책하거나 비난하지 않았다. 그동안 베드로가 받았을 인간적 고뇌와 아픔을 있는 그대로 인정하고 그가 발전하기를 기다렸다. 베드로의 심정은 어땠을까? 부인했던 예수를 대면한 순간 예수와 함께했던 시간들이 파노라마처럼 지나가며 그는 회한의 눈물을 흘렸을 것이다. 이런 과정을 거쳐 베드로는 예수의 가르침을 온몸으로 받아들이게 된다. 조급해하지 않고 믿고 인정해 준 예수의 코칭으로 인해 베드로는 예수의 승천 후 예수살렘 교회의 기초를 굳히고 복음 선교에 전력을 다했으며, 나중에 로마에서 네로의 박해로 순교하게 된다.

이처럼 공감은 서로에 대한 배려와 이해를 전제로 한다. 그런데 상대를 변화시키고자 하면서 정작 자신은 티끌만큼의 문제도 없는 사람으로 내비친다면 이는 공감대를 형성하는 데 커다란 걸림돌이 된다. 만약 예수가 하느님의 독생자로서 신적인 모습만 강조했다면 그의 메시지가 과연 영향력이 있었을까? 신의 아들임에도 불구하고 인간과 다를 바 없이 고뇌하며 눈물 흘리고 괴로워하는 모습 속에서 진정성을 느끼는 것은 너무도 당연하다. 그 과정에서 자연스럽게 유대감이 형성되고, 사람들은 비로소 인간적인 예수를 신뢰하기에 이른다.

예수는 공감대를 형성할 때 비언어적 형태를 자주 취했다. 공감은 심리적인 것뿐만 아니라 오감을 동원해 신체적으로도 표현할 수 있기 때문이다. 그중에서 특히 중요한 것은 눈빛이다. 예수의 눈빛은 따뜻하면서도 카리스마가 넘쳤다. 창녀인 막달라 마리아나 어린아이를 대할 때는 따뜻한 눈빛과 미소로 맞이했던 반면 예배당에서 장사를 하는 유대인들에게는 호통을 치며 강력한 카리스마를 분출했다. 이렇게 병자를 고치는 따뜻한 손길과 사랑을 전하는 온화한 눈길 그리고 다정한 미소는 백 마디 말보다 더 큰 공감을 불러일으키는 능력을 발휘했다.

이렇게 언어적 요인과 비언어적 요인이 적절히 융화되면서 예수의 메시지는 더 많은 사람들에게 올곧게 전달되었고, 사람들은 두려움이나 거리감 없이 그의 주변에 모여들었다. 자신의 마음을 알아주는 사람 앞에서 솔직해지는 것은 당연한 일이다. 병자든 건강한 사람이든, 약자든 강자든, 부자든 가난한 사람이든 모두 예수 곁으로 다가와 마음의 문을 열었고 스스럼없이 자신의 고민을 털어놓았다. 이것이 바로 예수의 소통 비법 중 하나인 공감 능력이다.

대학 때, 항상 같이 어울려 다니지만 속내를 알 수 없어 거리감을 느끼던 친구가 있었다. 어느 날 그 친구가 평소와 달리 자신이 처한 상황에 대해 고민 상담을 청했다. 시간 가는 줄 모르고 친구의 이야기를 듣다보니 그동안 친구에 대해서 참 몰랐구나라는 생각이 들었다. 항상 씩씩하고 밝기만 했던 친구에게 남모를 고통이 있었던 것이다. 그때부터 그 친구와 더 친밀해졌고 어려움을 겪게 되었을 때 제일 먼저 도움을 청하는 끈끈한 우정을 나누게 되었다.

이처럼 공감을 끌어내기 위해서는 스스로가 먼저 열린 마음이 되어야 한다. 높은 성과를 올리고 뛰어난 경영을 통해 유명해진 한 대기업 CEO가 있었다. 그는 전 국민이 알 만할 정도로 유명하긴 했지만 그게 전부였다. 정작 그는 자신의 직원들로부터 인간적인 신뢰를 얻지 못하고 있었다. 거듭된 성공으로 자신이 최고라는 자만심에 빠진 그의 스피치는 권위적이고 일방적이며 틀에 박힌 내용뿐이었다.

어느 날 직원들과 자신 사이에 두꺼운 벽이 존재한다는 사실을 깨달은 그는 컨설팅을 받았고, 스피치를 할 때 메시지 속에 자신의 고민과 생활 등을 있는 그대로 솔직하게 담으라는 처방을 받게 된다. 그 이후 그는 아들과 테트리스 게임을 하다가 진 이야기라든가 직원들에게 인기가 없어 고민하고 있다는 등 자신의 이야기를 털어놓았다. 직원들은 그의 솔직한 고백에 웃기도 하고 안타까워하기도 하면서 그의 새로운 모습을 발견하고 더 인간적으로 대할 수 있었다고 한다.

스토리텔링으로 말하라

고대 그리스 시대에만 해도 문자가 발달하지 않았다. 그렇기 때문에 그들에게 언어는 기록의 수단이자, 생존의 수단이었다. 길에서 강도를 당했을 때에도 그 물건이 자신의 것이라는 소유권을 주장하기 위해서는 직접 법정에 서서 항변을 해야 했다. 그래서 고대 그리스의 법정 주변에는 많은 웅변 학원이 있었다. 인류 최초로 돈을 받고 스피치를 가르친 셈인데, 그들이 바로 소피스트들이다. 그들이 가르친 최고의 기술은 바로 스토리텔링이다.

스토리텔링(story telling)에는 두 가지 조건이 필요한데, 그중 하나가 구어체 방식이다. 즉, 이야기하듯이 자연스럽게 말을 해야 한다는 뜻이다. 예를 들어, 프레젠테이션을 할 때 발표자가 청중은 쳐다

보지도 않은 채 책을 읽듯이 원고만 들여다본다면 청중은 발표자에게 집중하지 못한다. 그리고 미처 정리하지 못한 보고서나 저녁 회식, 주말여행 등의 잡다한 생각들을 하게 된다.

하지만 어린 시절 할머니가 들려주시던 옛날이야기처럼 흥미진진하게 이야기를 끌어가면서 청중과 눈을 맞추면 화자의 말에 빠져들게 되고 저절로 몰입하게 된다. 이때 청중은 화자가 말하고자 하는 핵심을 잘 이해할 수 있다. 할머니가 해주는 옛날이야기 속에는 권선징악의 빤한 교훈이 숨어 있다. 그럼에도 할머니의 옛날이야기는 반복해서 들어도 매번 지루한 법이 없다. 그 이유는 손자들과 눈을 맞추고, 이야기를 할 때마다 조금씩 어조나 목소리 톤을 바꾸는 할머니의 스토리텔링 능력 때문이다. 특히 눈은 자신의 진심을 드러내는 창구이자 상대방이 어떤 상태인지를 파악할 수 있는 유일한 단서다. 그러므로 눈을 마주친다는 것은 서로를 향해 마음을 열어 놓는 것과 같다.

다른 하나는 서사적 방식으로 '사례, 비유, 은유' 등을 적절히 활용해 이야기해야 한다는 것이다. 사람들이 드라마에 빠져 폐인(컴퓨터 게임이나 드라마 등에 극단적으로 심취한 사람을 이르는 말)이 되는 것은 모두 드라마 속 주인공에 대한 이해와 공감을 갖기 때문이다. 드라마를 보면서 사람들은 주인공들에게 감정이입을 하고 이때 거울 효과로 인해 자신을 돌아보게 된다.

소통과 스피치에 능숙한 사람들을 보면 대부분이 뛰어난 스토리텔러라는 사실을 확인할 수 있다. 미국인이 최고의 연설가로 뽑은 마틴 루서 킹 목사의 〈나는 꿈이 있습니다I have a dream〉의 연설에는 사례와 비유가 많이 들어 있는데, 이는 청중이 이해하기 쉽도록 하기 위해서였다. 선전선동으로 게르만족의 우월성을 내세워 제2차 세계대전을 일으킨 히틀러 역시 비유를 잘하기로 유명하다. 자신을 기생충(유대인)을 청소하는 의사로 묘사하는가 하면, 전쟁을 권투에 비유하며 영국의 처칠이 권투시합을 제안했고, 자신은 어퍼컷으로 그를 제압할 것이라는 주장을 하기도 했다. 심지어는 자신을 신의 사도(使徒)로 미화하기까지 했다. 이렇듯 소통의 달인들은 효과적인 메시지 전달법으로 주저 없이 스토리텔링을 선택한다.

예수가 설교를 행하던 당시는 오디오 시설이나 마이크도 없던 때였다. 그런데 예수의 설교를 듣기 위해 모여든 인원이 (성인 남자 5,000여 명을 먹인 기적으로 미루어 짐작하면) 1만여 명은 족히 넘었을 것으로 짐작할 수 있다. 그들 모두에게 자신의 메시지를 전했을 예수가 특별한 능력의 소유자였기에 가능했을 것이다. 그렇지 않고서는 그 많은 수의 청중들에게 어떻게 메시지를 전달할 수 있었겠는가. 보통 사람들이 효과적으로 메시지를 전달하기 위해서는 정확한 발음과 안정적인 발성, 그리고 큰 목소리가 필요하다. 아무리 좋은 내용의 메시지라고 해도 명확하게 전달되지 않으면 무의미한 혼잣말일 뿐이니 말이다. 아나운서들이 일반인에 비해 전달력이 뛰어난 것은 안정적인 발성과 정확한 발음 때문이다.

메시지를 간결하게 전달하는 것 또한 중요하다. 예수가 전하고자 하는 메시지는 매우 쉽고 간결했다. '자신을 믿으면 구원을 얻는다'는 단순한 논리는 사람들에게 쉽게 그리고 명확하게 전달되었다. 그 당시 사람들이 지켜야 할 율법은 상당히 복잡하고 어려워 실천하기에도 버거웠을 정도였다. 주일에 아무것도 하지 않고 신만을 섬겨야 한다는 율법은 하루하루 끼니를 걱정해야 하는 사람들에게는 무거운 짐이었다. 바리새인들은 이를 지키고자 노력했지만 사실 완벽하게 지킨다는 것 자체가 무리였다. 이에 예수는 율법의 모든 내용을 초월하고 압축해서 의제를 설정했다. 엄격하고 복잡한 율법이 아닌 '나를 믿으라, 그러면 구원받을 것이다'라는 간단명료한 의제는 사람들에게 신선한 충격이었을 것이다.

어부였던 베드로를 제자로 삼을 때도 예수는 많은 말을 하지 않았다. "그물을 버리고 나를 따라오라", "내가 너를 사람 낚는 어부로 만들겠다"는 메시지가 전부였다. 예수의 강력한 한마디에 베드로는 모든 것을 버리고 그를 따라간다. 이렇게 목표가 명확하고 간결한 의제는 설득력이 강하다. 이때 간결하다는 것은 결코 내용이 빈약하다는 의미가 아니다. 내용 속에 풍부하고 깊은 뜻이 담겨 있되 이를 간결하게 압축했다는 뜻이다.

이를 잘하기 위해서는 적절한 비유를 들어 표현하는 것이 필요하다. 예수는 하늘나라 이야기, 씨앗 이야기, 일꾼 이야기, 포도원의 두 아들 이야기, 열 처녀와 달란트 이야기, 잃어버린 양 이야기, 탕자 이야기 등 비유를 즐겨 사용했으며, 그의 메시지 자체가 비유라고 해도 과언이 아니다.

당시 제대로 교육받지 못한 군중들에게 메시지를 전하기 위해서는 당연히 비유의 힘이 필요했을 것이다. 게다가 예수의 비유들은 대부분 생활 속에서 쉽게 접할 수 있는 생활 밀착형으로서 사람들이 일상 속에서 수시로 예수의 메시지를 떠올리도록 만들었다. 그럼으로써 예수의 메시지는 더욱 깊이 사람들의 뇌리에 각인되었고, 서서히 깨달음을 향해 나아갈 수 있었다.

현재 진행하고 있는 방송 프로그램에서 통화스왑(Currency Swap) 시장에 대해 인터뷰를 한 적이 있다. 일반인들이 이해하기에는 좀 버거운 주제일 수도 있어 내심 걱정하고 있었다. 그때 인터뷰에 응했던 기획재정부 국장은 통화스왑 시장에 대해 아주 명료하게 정리해 주었다. "미국이라는 물탱크와 한국이라는 물탱크가 있는데 그 사이에 파이프를 연결하는 것이 통화스왑 시장입니다. 즉, 필요할 때 300억 달러가 두 탱크를 왔다 갔다 할 수 있다는 거죠. 혹시 마이너스 통장 쓰십니까? 평상시에는 별로 필요를 느끼지 못하다가 갑자기 공과금이 몰려 잔액이 부족할 때면 마이너스 통장이 꽤 든든하세 느껴시쇼. 통화스왑 시장이 바로 그런 겁니다. 지금 당장은 필요치 않지만 위기 상황에 쓸 수 있는 보험 같은 것이죠." 그의 적절한 비유는 이해를 돕는 데 효과적이었다.

또 비유를 활용해 자신의 의견을 개진할 때 적대적인 사람들의 비판을 피해갈 수 있다는 장점도 있다. 곧이곧대로 자신의 의견을 주장할 경우 불필요한 오해를 불러올 수도 있다. 하지만 비유는 상대로 하여금 사안에 대해 다시 한 번 생각하는 계기를 제공함으로써 갈등을 줄여주는 역할을 한다. 바리새파와 사두개파(바리새파의

엄격한 율법주의를 반대하고 부활과 영생, 천사와 영을 부인하던 현실주의 교파) 사람들은 예수를 시험하기 위해 기적을 보여달라고 했다. 그들은 예수를 사기꾼이라고 여겨 기적을 행할 수 없을 거라고 생각했다. 그러자 예수는 그들을 향해 "너희는 저녁에 하늘이 붉으면 날씨가 좋겠다고 말하고, 아침에 붉고 흐리면 날씨가 좋지 않겠다고 말한다. 이렇게 날씨는 분별할 줄 알면서 시대의 징조는 왜 분별하지 못하느냐? 악하고 음란한 세대는 기적을 요구하나 요나의 기적밖에는 보여줄 것이 없다"라고 말한다. 신의 아들인 자신을 의심하지 말라는 메시지를 비유를 통해 전한 것이다.

이처럼 비유는 화자를 더 전문적으로 보이게 하는 장점이 있다. 비유나 사례를 활용할 줄 안다는 것은 그만큼 현재 상황을 잘 파악하고 있다는 뜻이기 때문이다. 예수의 적절한 비유는 사람들에게 치유와 반성의 효과를 불러오는가 하면, 반감을 가진 이들로부터 공격을 피할 수 있는 훌륭한 수단으로 활용되기도 했다. 예수가 즐겨 사용하는 이야기 구조에는 자신의 문제를 객관적으로 그리고 더 다양한 관점으로 직시하게 만드는 힘이 있다. 적절한 비유는 수십, 수백 가지의 데이터를 제시하는 것보다 훨씬 효과적이며, 스토리텔링 기법의 백미라고 할 수 있다.

인터뷰를 통해 소통하라

소크라테스는 최고의 인터뷰어였다. 질문을 통해서 상대의 수준을 파악하고 그에 따른 인터뷰를 함으로써 상대가 스스로 문제를 파악하게 만들었다. 이것이 바로 산파술이다. 인터뷰는 인터뷰어(interviewer)와 인터뷰이(interviewee) 사이의 상호 역동적인 과정을 통해 소통하는 것이다. 서로의 지식과 신념에 대한 교환이 이루어지고 그러면서 상호 의견을 조정하게 된다. 이런 과정을 거치면 서로 간에 이해의 폭이 넓어지고 관계가 풍성해진다.

아무리 준비를 많이 했다고 한들 인터뷰는 결코 각본대로 진행되지 않는다. 그렇기 때문에 훌륭한 인터뷰라 함은 큰 틀을 유지하는 가운데 예상에 없던 다양한 주제를 언급하고 적재적소에 상대방의 생각을 말하도록 이끌어내는 것이다. 방송 진행자의 가장 중요한 자질 역시 주어진 원고를 곧이곧대로 읽거나 외우기보다는 상황에 따라 적절하게 의미를 부여하고, 그에 맞게 대응하는 능력이라고 할 수 있다. 생방송 중 시간이 부족한 이유로 진행자가 출연자에게 몇 개의 질문을 건너뛰어 마지막 질문을 던졌다. 그러자 원고를 읽는 데만 충실했던 출연자는 진행자의 질문과 상관없이 원고 순서대로 엉뚱한 대답을 했다는 웃지 못할 일화도 있다.

인터뷰는 특정한 목적을 가진 커뮤니케이션으로 상대를 변화시키기 위해서거나 상대의 정보를 얻기 위해서 혹은 상대와의 좋은 관계를 위해서 등의 목적을 갖고 있다. 그런 면에서 본다면 인터뷰는 설득의 커뮤니케이션이라고도 할 수 있다. 인터뷰는 특정 상황에서만이 아니라 우리의 일상 속에 늘 존재한다. 질문과 답변으로 이루어지는 모든 것이 넓은 의미의 인터뷰에 속한다. 그뿐만 아니라 인터뷰는 특별한 매개체 없이 서로의 얼굴과 얼굴을 맞대는 직접적인 커뮤니케이션이다. 현대에 많이 사용되고 있는 메일이나 서면 형식의 매개체는 오해와 왜곡이 발생할 수 있지만 인터뷰는 그럴 가능성이 매우 희박하다. 하지만 한번 갈등이 생기면 회복되기 어렵다는 부정적인 면도 있다. 직접적인 커뮤니케이션에서 문제가 발생하면 그렇지 않은 경우보다 훨씬 크고 깊은 상처를 남기기 때문이다.

예수는 진정한 인터뷰의 달인이었다. '질문→경청→질문 또는 대답' 등의 과정을 통해 사람들을 변화시킨 최고의 인터뷰어였다.

요한복음 3장의 바리새파 사람인 니고데모와의 대화에는 예수의 인터뷰 기술이 잘 나타나 있다. 소크라테스의 산파술처럼 질문과 대답, 다시 질문으로 이어지는 구조 속에서 예수는 니고데모 스스로 자신의 문제를 깨우치도록 만든다.

구원의 문제를 고민하고 있던 니고데모는 예수가 그 문제의 해답을 주리라는 것을 알고 있었다. 예수는 니고데모에게 구원받기 위해서는 다시 태어나야 한다고 말한다. 하지만 세상의 시각(좁은 시각)을 가진 니고데모는 다시 태어난다는 것의 의미를 이해하지 못한다. 니고데모는 예수와의 질문과 대답을 통해 비로소 더 넓은 세상(하늘의 시각)을 깨달아간다. 이렇게 인터뷰를 통해 상대를 변화시키는 과정은 꼭 배워야 할 예수의 코칭 스킬 중 하나다.

예수는 사람들로 하여금 자신의 이야기를 꺼낼 수 있도록 개방적이고 적절한 질문을 했다. 병들고 소외되고 어려운 이웃들을 찾아다녔으며, 또한 그들이 찾아와 만나기를 원할 때 외면하지 않고 기꺼이 응했다. 그럴 때마다 사람들은 예수 앞에 선뜻 자신의 삶을 털어놓았다. 사람들의 마음이 예수를 향해 쉽게 열릴 수 있었던 것은 그의 열린 행동과 질문 때문이다.

예수는 사람 속에서 생활하며 그들의 삶의 고초를 충분히 실감하고 있었다. 30년 동안의 인간적인 삶 자체가 예수에게는 인간을 이해하는 원동력이었다. 목수라는 직업과 나사렛이라는 평범한 동네 환경이 사람들의 마음을 이해하는 훌륭한 밑거름이 되었고, 그런 인식이 전제되었기에 모든 계층의 사람들에게 열린 마음으로 대하고, 각 사람들에게 적합한 질문을 할 수 있었던 것이다.

질문을 할 때는 양적인 면보다 질적인 면이 더 중요하다. 상대방을 관찰하지 않고 자신만의 잣대로 의도하고 추측한 폐쇄적인 질문을 하면 오히려 사람들은 마음에 빗장을 건다. 회사 동료에게 "요즘 너 김과장 때문에 힘들다며?"라고 묻기보다는 "요즘 어때? 표정이 안 좋은데?" 하고 묻는다면 상대방이 구체적으로 자신의 마음을 표현할 가능성이 높다.

한 여인이 손을 뻗어 지나가는 예수의 옷을 만졌다. 예수가 "누가 내 옷에 손을 대었느냐?" 하고 묻자, 그녀는 12년 동안 혈우병을 앓고 있다는 자신의 이야기를 털어놓는다. 또 앞이 보이지 않는 바디메오에게는 "네게 무엇을 해주기를 원하느냐?"라는 질문을 던져 그가 원하는 것이 무엇인지 직접 묻는다. 이처럼 예수는 모든 것을 알고 있음에도 불구하고 '나는 너의 모든 문제를 알고 있다'는 식의 권위적이고 형식적인 질문이 아닌 상대방이 그동안 감추고 있던 자신의 문제를 스스로 표출하도록 했다.

또 간음하다 잡혀온 여인에게 "여자여, 너를 고발하던 그들이 어디 있느냐? 너를 정죄한 자가 없느냐?"라고 질문함으로써 사회적 정서로는 벌을 받아 마땅하지만 그렇게 하지 않겠다는 메시지를 전달하기도 한다.

이처럼 열린 질문은 상대와의 관계를 더욱 돈독하게 하고 소통을 돕는다. 특히 처음 하는 질문은 다리를 받치는 교각과도 같아서 어떻게 시작할지 충분히 심사숙고한 후 진행해야 한다. 이때 상대방에 대한 배려와 관심은 필수조건이며, 일상적인 이야기부터 시작해 점점 깊이 있는 질문을 하는 것이 좋다. 이때 어떤 의도가 있거나 상대를 떠보기 위해 하는 추측성 질문, 특히 의심이 깔린 질문은 하지 말아야 한다.

예수는 상대와의 관계와 그 수준에 따라 질문을 달리했다. 핵심 세력이나 자신의 메시지를 전해야 하는 제자들의 경우에는 인터뷰를 통해서 어느 정도 준비가 되어 있고 어떻게 상황을 파악하고 있는지 등을 검토했다. 그런 뒤에 상대의 수준에 따라 자신의 메시지를 전달했다.

예수가 빌립보(그리스 북쪽에 있던 마케도니아의 수도. 기독교 선교를 받은 유럽의 첫 성) 지방에 이르렀을 때였다. 그가 제자들에게 "사람들이 나를 누구라고 하느냐?" 하고 물었다. 그러자 제자들이 대답했다. "어떤 사람은 세례요한이라고 하고, 어떤 사람은 엘리야라고 하며, 또 어떤 사람은 예레미야나 예언자들 중 한 사람이라고 합니다." 그러자 예수가 "그러면 너희는 나를 누구라 생각하느냐?" 하고 다시 묻자, 시몬 베드로가 "주님은 그리스도시며 살아 계신 하나님의 아들이십니다" 하고 대답했다. 그러자 예수는 베드로에게 "요나의 아들 시몬아. 너는 행복한 사람이다. 이것을 너에게 알리신 분은 사람이 아니라 하늘에 계신 내 아버지다" 하고 말했다. 예수는 또한 인터뷰를 통해 자신의 마지막 메시지를 전한다. 부활 후 마지막으로 제자를 만난 자리에서 자신을 사랑하는지 묻고, 그렇다면 "내 양을 먹이라" 하며 구원의 메시지를 세상에 전하라는 마지막 유언을 전달한다. 세 번이나 반복해서 묻는 인터뷰를 통해 자신의 메시지를 명확히 한 것이다.

제자들뿐 아니라 대중들에게도 예수는 질문을 통해 그들의 새로운 면을 부각시킴으로써 사람들 스스로 자신감과 자존감을 갖게 했다. 치유의 변화를 시도한 것이다. 우리는 보통 문제가 발생하면 문제에만 집중하지 않고 문제와 문제를 발생시킨 사람을 동일시하는 경우가 있다. 사람은 누구나 실수를 하기 마련인데, 그럴 때마다 무책임하고 능력 없는 사람으로 치부해 버린다면 세상에 온전한 사람은 아무도 없을 것이다. 코칭은 상대를 인정하는 것에서부터 시작한다.

우리는 흔히 자녀가 실수를 하면 무안을 주거나 혼을 낸다. 그럴 때마다 아이는 주눅이 들어 행동이 위축되는 결과를 낳는다. 아이에게도 아이만의 인격과 생각이 있다. 그런 것들을 인정하고 존중하는 것에서부터 코칭은 시작된다. 회사에서도 마찬가지다. 상사라고 해서 신입사원에게 격려와 조언을 해주기보다 자신만의 기준으로 평가하고 질책하기를 우선한다면 마음의 벽을 쌓을 것이 분명하다. 이렇게 개개인의 자존감을 인정하는 것은 코칭의 중요한 덕목이다. 그런 이유 때문에 예수는 사람들에게 질문을 하기 전에 개개인의 장점과 단점, 고민들을 인정하고 격려했다.

어느 날 식사를 하는 자리에서 한 여인이 예수의 몸에 향유를 부었다. 사람들이 비싼 향유를 낭비하는 그녀의 행동을 비난했지만 예수는 "가만두어라. 그가 내게 좋은 일을 하였느니라"(마가복음

14:6~8) 하며 오히려 여인의 행동을 긍정적으로 부각시켰다. 예수가 구원자라고 확신한 자신의 신념과 가치를 실천하기 위해 여인은 향유를 부어 존경을 표시한 것이다. 예수는 그녀를 무시하고 비난하기보다는 그 신념을 인정했다.

예수살렘으로 가던 예수 일행은 마르다라는 여인의 간곡한 청으로 그녀의 집을 방문하게 되었다.(누가복음 10:38) 마르다는 예수에게 최고의 대접을 하고 싶었지만 막상 방문한 예수를 보자 허둥지둥 서두르기만 했다. 음식 준비에 집 안 정리, 거기다 예정에 없이 예수가 하룻밤 묵기까지 한다면 어떻게 해야 할지 걱정이 쌓여갔다. 그런데 마르다와 달리 동생 마리아는 예수의 발치에 앉아 말씀을 듣고 있었다. 그 모습을 본 마르다는 일손을 돕지 않는다며 마리아에게 불평을 늘어놓았다. 그러자 예수는 "마리아는 좋은 편을 택하였으니 빼앗기지 아니하리라"(누가복음 10:41)라고 하며 말씀을 듣고자 하는 마리아의 신념을 높이 평가한다.

보통 사람의 입장에서 보면 일을 돕지 않은 마리아의 행동이 석절하지 않다고 생각할 수도 있지만 코치의 대가인 예수는 그런 행동까지도 인정하고 긍정적으로 부각시켰다. 하지만 유대인과 바리새인 같은 적대적인 세력과 대화할 때 예수는 지극히 공격적인 방식을 취했다. 비유를 사용해 그들의 문제점을 지적하고 압박했다. 그런 방법이 아니고서는 그들의 변화를 꾀할 수 없다고 판단했던 것이다. 자신의 원칙인 성경 말씀에 근거한 예수의 반박과 압박은 상대를 한순간에 무력화시켰다.

마태복음 22장에는 그런 예수의 소통법이 잘 드러난 일화가 있다. 바리새인들은 예수를 곤경에 빠트리기 위해 계속 난해한 질문들을 한다. 하지만 예수는 그들의 질문에 흔들리지 않고 오히려 그들의 논리를 반박한다.

"선생님, 우리가 알기에는 선생님이 진실하시고 진리대로 하나님의 교훈을 가르치시며 사람의 겉모양을 보지 않으시기 때문에 누구에게도 거리낌이 없으십니다. 그래서 선생님의 의견을 듣고자 합니다. 로마 황제에게 세금을 바치는 것이 옳습니까, 옳지 않습니까?" 그러자 예수는 그들의 간교함을 간파하고 "위선자들아 왜 나를 시험하고자 하느냐? 세금을 바치는 돈을 나에게 보여달라. 이 초상과 글이 누구의 것이냐? 그렇다. 로마 황제의 것이다. 그렇다면 황제의 것은 황제에게, 하나님의 것은 하나님에게 바치면 된다"고 말한다.

그들의 시험은 계속된다. 이번에는 부활이 없다고 주장하는 사두개파 사람들이 예수에게 물었다.

"선생님, 모세는 형이 자식 없이 죽으면 동생이 형수와 결혼해 형의 대를 이어야 한다고 말했습니다. 우리 이웃에 일곱 형제가 있었는데 맏이가 결혼해 살다가 자식 없이 죽고 그 동생이 형수와 살게 되었습니다. 그러나 둘째도 자식 없이 죽었고 셋째에서 일곱째까지 모두 그렇게 되었으며 끝내 그 여자도 죽었습니다. 이렇게 일곱 형제가 모두 한 여자와 살았으니 부활할 때 그 여자는 누구의 아내가 되겠습니까?"

그러자 예수는 "너희는 성경과 하나님의 능력을 모르기 때문에 잘못 생각하고 있다. 부활하면 장가도 시집도 안 가고 다만 하늘에 있는 천사들과 같이 된다. 너희는 죽은 사람들의 부활에 대해 하나님이 나는 아브라함의 하나님, 이삭의 하나님, 야곱의 하나님이라고 하신 말씀을 보지 못했느냐? 하나님은 죽은 사람들의 하나님이 아니라 살아 있는 사람들의 하나님이시다"라고 답변했다.

예수는 개선의 노력이 보이지 않는 사람들과의 대화에서는 성경이라는 명확한 원칙을 바탕으로 그들의 잘못을 지적하는 공격적인 질문을 감행했다. 강한 압박과 충격이 훨씬 효과적인 코칭법이라고 판단했기 때문이다. 바리새인처럼 공감과 치유 등 다양한 방법을 활용해도 변화의 조짐이 보이지 않는 대상에게는 그에 따른 다소 극단적인 조치가 필요하다. 다른 사람들과 동일한 방법을 적용하고 변화를 기대하는 것은 시간 낭비가 될 수 있다. 대상에 따른 각기 다른 인터뷰 방식을 활용하는 예수의 코칭법을 적극 활용해 보자.

과감하게 포기하라

예수님은 이 말을 들으시고 혼자 배를 타고 조용한 곳으로 가셨다.

(마태복음 14:13)

예수님은 몰려드는 사람들을 피하려고 제자들에게 작은 배를 준비하도록 하셨다.(마가복음 3:9)

예수님은 '예언자가 고향과 친척과 자기 집에서는 존경을 받지 못한다' 하시고 거기서는 아무 기적도 베풀 수가 없어서 병자 몇 사람만 고쳐주셨다.(마가복음 6:4)

그 후 예수님은 갈릴리 지방에서만 다니시고 유대 지방에는 다니고 싶어 하지 않으셨다. 이것은 유대인들이 자기를 죽이려고 했기 때문이다.(요한복음 7:1)

예수님은 유대인들에게 말씀하셨다. 내가 이미 말했어도 너희는 믿지 않고 있다. 내가 아버지의 이름으로 하고 있는 이 일들이 나를 증거하고 있다. 그러나 너희는 내 양이 아니므로 나를 믿지 않는다.

(요한복음 10:25)

인류의 구원자인 예수도 때로는 사람을 피해 혼자 있기를 원했고, 유대인들은 나의 양이 아니라고 단언하기도 했으며, 심지어 전도해야 할 지역을 회피해 다른 곳으로 돌아가기까지 했다. 무슨 이유에서였을까?

우리는 현대사회가 요구하기 때문이기도 하지만 스스로도 무엇이든 다 잘하는 슈퍼맨이 되기를 원한다. 직장과 가정, 남편으로서 아내로서 또 자식 역할과 부모 노릇에 친구와 선후배 역할까지 모든 것을 완벽하게 해내기 위해 전전긍긍한다. 최근 쏟아져 나오고 있는 자기계발서를 보면 정도는 더 심각하다. 긍정의 힘이라는 미명 아래 긍정적으로 생각하면 정말 모든 것을 이룰 수 있고, 심지어 원대한 꿈을 꾸면 상위 몇 퍼센트 안에 들 수 있다는 구체적인 숫자까지 언급한다. 그러면서 그 숫자에 도달하지 못하는 것은 긍정과 신념이 부족해서라며 충고까지 곁들인다. 하지만 인간은 신이 아니다. 모든 것을 다 잘할 수 없는 게 너무도 당연하다.

나이가 든다는 것은 자신이 할 수 있는 것과 할 수 없는 것을 구분하게 되는 일이다. 어릴 때는 모든 것을 다 시도해 볼 수 있다. 실패가 두렵지 않은 때인 만큼 실수나 실패도 용납된다. 그렇지만 나이가 들고 가정을 이루기라도 하면 실패는 개인의 문제를 넘어 가정의 문제로 확대된다.

사람에게는 저마다의 개성이 있는 것처럼 저마다의 특기나 장기가 있게 마련이다. 노래에 뛰어난 소질을 가지고 있는 사람이 있는가 하면, 수학에 더없이 특출한 실력을 보이는 사람도 있다. 아무리 연습해도 평생 운전이 손에 익지 않는 사람이 있는가 하면, 단 몇 시간 만에 스키를 배우는 사람도 있다.

예수 역시 인류의 구원자로서 더 많은 사람을 만나고 변화시키고 싶었지만 상황에 따라 포기하거나 회피를 선택하기도 했다. 예수가 자신의 고향이나 특정 지역을 그냥 지나친 데는 나름의 이유가 있었을 것이다. 현재 그 지역 사람들이 메시지를 받아들일 준비가 되어 있지 않다고 판단해서 다음을 기약했을 수도 있다. 또 많은 사람들 앞에서 설교를 한 후 가끔은 조용한 곳을 찾아가 쉬기를 원했는데, 이는 더 많은 이들에게 메시지를 전하고 그들을 변화시키기 위해 한 발 뒤로 물러서서 에너지를 충전하는 행위로 해석할 수 있다.

회피나 포기를 긍정적으로 활용하면 코칭의 원동력이 된다. 그러기 위해서는 먼저 자신이 할 수 있는 것과 할 수 없는 것을 명확하게 구분하는 것이 중요하다. 다른 사람들이 모두 중요하다고 하니까 혹은 그게 대세니까 무조건 해야 한다는 생각은 버려라. 자신만의 뛰어난 능력을 제대로 발휘하려면 자신이 하고 싶은 것과 잘하는 것, 반대로 하기 싫은 것과 잘하지 못하는 것을 먼저 구분하는 능력이 필요하다.

또 사회적 환경과 관계에 의해 형성된 능력은 대부분 과장될 수 있기 때문에 이를 냉철하게 현실화하는 과정이 따라야 한다. 그렇다고 자신의 능력을 지나치게 과소평가하라는 말은 아니다. 또 꿈을 포기하거나 축소하라는 의미도 아니다. 현실을 직시하고 자신의 능력을 정확하게 평가하라는 뜻이며, 허황된 꿈을 버리라는 의미다. 자신이 가장 잘할 수 있는 것이 무엇인지를 찾아낼 때 그 부분을 더욱 심화, 발전시킬 수 있다.

오늘날 발생하는 사건들 중 사이코패스에 의한 범죄가 점차 늘고 있다. 범죄자뿐만 아니라 우리 주변에도 사이코패스 성향을 드러내는 사람들의 수도 점점 많아지고 있다. 그들의 공통점은 다른 사람과의 공감 능력이 떨어지고 무조건 자신의 행동이 옳다고 여기며 타인의 아픔과 상처 따위에는 관심도 없다는 데 있다. 그런 성향의 사람들을 대상으로 일반인들과 같은 방식의 코칭법을 적용시킬 수는 없다. 우리가 그들을 이해하기 어렵듯이 그들 또한 우리의 행동을 이해하지 못하기 때문이다. 그럴 때는 서로를 위해 직절히 포기하고 회피하는 것노 하나의 방법이다. 그렇다고 대화나 관계 자체를 포기하라는 의미는 아니다.

적대적인 사람과 대화하기 위해서는 어떤 기술을 적용해야 할까? 대화에서 반드시 피해야 할 세 가지 원칙이 있다. 우선 상대방의 의도를 추측하지 않는 것이다. 가끔 운전을 하다보면 라디오에서 흘러나오는 이야기가 재미있어서 혼자 웃을 때가 있다. 그러다 맞은편 차의 운전자와 눈이 마주칠 때가 있는데, 상대는 자신을 보고 웃은 줄 알고 순간적으로 기분 나쁜 표정을 짓거나 심하게는 욕설을 내뱉기도 한다. 순전히 혼자만의 착각으로 상황을 판단한 것이다. 우리는 지나치게 즉각적으로 또 단호하게 상대의 행동과 표정, 말의 의도를 판단한다. 하지만 우리의 판단력은 생각처럼 그렇게 정확하지 못하다. 열 길 물속보다 알기 힘든 게 사람의 마음인데, 왜 지레짐작만으로 상대를 판단하는 것일까? 우리의 정보는 지극히 제한적이다. 게다가 그 제한된 정보마저 내 식대로 해석한다. 그래서 더욱 세심한 관찰이 필요하다.

두 번째로 피해야 할 것은 감정을 억누르는 일이다. 어떤 이들은 무조건 참으라고 말한다. 하지만 인간은 표현의 동물이고 지나치게 감정을 억제하면 또 다른 문제가 발생하기 마련이다. 한계에 이르러 폭발한 감정은 그동안 쌓아올린 공든 탑을 일순에 무너트릴 수 있다.

자기 스케줄 위주로 약속을 정하는 남자친구에게 불만을 가지고 있는 한 여성이 있었다. 그녀는 불만 사항에 대해 즉각적으로 표현하지 않고 그냥 참았다. 그러던 어느 날 눌러왔던 감정이 한순간에 폭발하고 말았다. 여성은 화를 제어하지 못하고 남자친구가 잘못했던 과거의 소소한 일까지 언급했고, 결국 둘은 돌이킬 수 없는 상처를 남기고 파국을 맞았다. 이런 갈등은 마음과 행동이 다른 부조화에서 비롯된다. 따라서 자신의 마음속 이야기를 시의적절하게 해소하는 것이 자신을 위해서나 상대를 위한 현명한 대처법이라고 할 수 있다.

106

또 갈등이 발생한다는 것은 내면에서 소통이 이루어지지 않고 있다는 신호이기도 하기 때문에 대화를 통해 적절히 자신을 표현하는 것이 좋다. 이때 꼭 '적절하고' 겸양적인 어법과 말투여야 한다는 점도 잊지 말자.

세 번째는 상대방의 정체성을 훼손시키는 어휘를 사용하지 않는 것이다. 남편이 술을 마시고 몸도 제대로 가누지 못한 채 집에 왔다고 해서 "당신이 인간이야? 짐승이지!"라고 말한다면 그 다음 상황은 대화가 아니라 싸움으로 이어질 게 빤하다. 또 시험 성적이 나쁜 자녀에게 "너 바보야? 누굴 닮아 저렇게 공부를 못할까!"라고 말한다면 아이들은 마음에 큰 상처를 받게 된다.

이 세 가지 원칙을 염두에 두었다면 이제 다음 단계로 넘어가 보자. 절대적인 원칙은 아니지만 갈등을 최소화하는 데 도움이 될 것이다.

갈등이 생기면 우선 차분히 상대를 관찰하라. 아무리 밉고 화가 나더라도 가급적 객관적으로 상대 모습을 세심하게 관찰한다. 만일 상대가 웃는다면 그냥 웃는다는 객관적 사실만을 받아들이자. 사람은 주관적이고 자신의 감정에 충실해서 사건이든 사람이든 있는 그대로 받아들이는 일이 쉽지 않다. 그래서 더 훈련이 필요하다.

그 다음은 관찰한 사실이 나에게 어떤 느낌으로 다가오는지, 상대의 행동이 결과적으로 나에게 어떤 영향을 미치는지 확인한다. 갈등 상황에서 그 원인이 상대에게 있다고 규정하는 순간 해결할 수 있는 기회조차도 날려버리게 된다. 하지만 갈등을 자신의 내면으로 가져가 곰곰이 생각해 보도록 하라. 그러면 상대방이 아닌 나에게도 문제가 있었다는 사실을 자각할 수 있게 된다. 이때 그동안 쌓아두었던 상대방에 대한 나쁜 감정이나 편견은 모두 버려야 한다. 당면한 상황에서 벌어진 갈등이 나에게 주는 영향에 대해서만 국한지어 생각하도록 한다.

이어서 관찰한 사실과 나의 느낌을 상대에게 전달한다. 이는 가장 어렵고 힘든 부분으로 겸양적인 표현과 어느 정도의 스피치 능력이 필요하다. 예를 들어, "아까 날 보고 웃었죠? 이유 없이 웃으니까 기분이 나빴어요. 왜 그랬어요?"라고 말하기보다는 "제가 오해했을 수도 있는데요, 아까 제 쪽을 보고 웃으시는 것 같던데요……"라고 말하는 것이 훨씬 효과적이다. 이때 같은 말을 하더라도 어떤 표정과 말투, 눈빛으로 하느냐가 중요하다.

미국 캘리포니아대학의 심리학자 앨버트 메러비안(Albert Mehrabian)이 주장한 법칙에 의하면 사람이 정보를 받아들일 때의 비중은 비언어적 표현(표정, 눈빛, 자세 등)이 55퍼센트, 음색이 38퍼센트이며 메시지 자체는 정작 7퍼센트밖에 되지 않는다고 한다. 비언어적 요소들이 대화에 미치는 영향은 그만큼 크며 중요하다. 대화를 할 때 사람들은 처음부터 이성적으로 분석하지 않는다. 오히려 상대방의 이미지와 그가 행하는 손짓, 표정 등의 보디랭귀지에 더 집중한다. 그래서 선의의 표정이나 겸양적인 말투는 딱딱하고 복잡한 내용을 중화시켜 전달력을 높이는 효과가 있다.

그 다음 단계는 수용이다. 상대방의 모습을 있는 그대로 받아들이는 것이다. 왜 웃었냐고 물어본 나의 말에 상대는 분명 반응을 보일 것이다. "어, 그래요? 미안합니다. 다른 것을 생각하다가 그냥 웃음이 나왔는데 오해를 하셨군요. 죄송합니다." 이런 반응이라면 문제될 것은 없다. 하지만 "그래, 비웃었다. 어쩔래?" 하고 오히려 덤비듯이 나온다면 문제는 심각해진다. 하지만 잠시 생각해 보라. 당신이 충분히 겸손하게 이야기를 건넸다면 이런 식으로 반응이 나올 리는 없다. 설령 속으로 그렇게 생각할 수는 있어도 직접 언급하기는 어렵다. 다른 사람이 지켜보는 공간이라면 더욱 그렇다. 그런 말을 내뱉는 순간 자신의 소통 방식에 문제가 있다는 것을 인정하는 꼴이 되기 때문이다. 또 "나 안 웃었는데, 왜 그러죠? 참 이상하네" 하며 오히려 당신을 이상한 사람으로 몰아붙이는 경우도 있을 수 있다. 그럴 때는 어떻게 대처하는 것이 현명할까? 웃었다는 사실을 인정할 때까지 계속해서 추궁하는 것이 옳을까? 아니다. 그때는 그냥 수용해야 한다. 일단 상대의 반응을 있는 그대로 받아들이고 인정하는 것이 최선이다.

다음으로 필요한 것이 포기다. 누구와 관계를 맺든 오해가 발생할 여지는 무궁무진하다. 하지만 그럴 때마다 맞서 싸운다면 주변에 남아 있을 사람은 한 명도 없을 것이다. 그렇다고 모든 관계의 끈을 무턱대고 붙들고 있을 수만도 없다. 해명을 해도 오해를 풀지 않는 사람이라면 과감하게 포기할 필요도 있다. 한 번은 자신을 위해서, 한 번은 상대를 위해서 그리고 한 번은 서로의 관계를 위해서 앞의 과정(관찰-감정 확인-전달-수용)을 세 차례 이상 반복했음에도 상대가 나의 진심을 받아들이지 않는다면 그때는 예수처럼 포기하는 것이 현명하다.

이때의 포기는 관계를 단절하는 완전한 포기가 아니라 적절한 거리를 유지해 감정 소모를 줄이는 것을 의미한다. 만약 관계를 회복시켜 보겠다는 마음에 계속 앞으로 나아가려 한다면 상대는 물론 자기 자신에게도 상처를 입히게 된다. 일단 뒤로 한 발 물러나 냉정하게 상황을 파악한 뒤 다시 관계 회복을 시도해 보는 것이 좋다. 예수가 적대적 감정을 가지고 있던 종교 지도자들을 정죄했지만 그들과 식사하며 변화를 꾀한 것처럼 말이다.

언행을 일치하라

고대 그리스의 데모스테네스는 철저한 연습으로 말더듬이에서 유명한 웅변가가 된 인물이다. 그는 삼촌이 빼앗아간 자신의 재산을 되찾기 위해 하게 된 재판에서 스스로를 변호하기 위해 피나는 노력을 했다. 그는 말할 때 어깨가 비뚤어지는 자신의 약점을 보완하기 위해 날선 칼을 천장에 매달아둠으로써 한쪽 어깨가 올라가면 베어지도록 했다. 또 말 더듬는 습관을 고치기 위해 매일 뒷산에 올라가 호흡이 가쁜 상태에서 스피치 연습을 했다. 그뿐만 아니라 고전을 집중해서 읽기 위해 머리와 수염을 반쪽만 면도한 후 다 읽을 때까지 외출하지 않았다.

당시 그리스에는 데모스테네스의 숙명적인 라이벌 데마데스가 있었다. "데모스테네스는 아테네에 어울리는 웅변가다. 그러나 데마데스는 아테네에 과분한 웅변가다"라는 말이 나올 정도로 아테네 사람들은 데마데스를 더 훌륭한 연설가로 평가했다. 사람들은 자신들이 아무리 청해도 준비된 연설이 없으면 응하지 않던 철저한 노력가 데모스테네스보다 준비 없이도 즉흥적으로 멋진 연설을 들려주는 데마데스를 더 뛰어난 연설가라고 여겼던 것이다.

당대 최고의 연설가로 이름을 날리던 두 사람의 운명은 케로네아 전투에서 그리스가 마케도니아에 패한 뒤 엇갈리기 시작한다. 현실론자인 데마데스는 아테네 시민들에게 마케도니아 필립 왕에게 복종하고 그를 따르라고 설득한 반면, 데모스테네스는 권력의 유혹을 과감히 뿌리치고 시민들에게 전쟁 참여를 독려하며 수시로 마케도니아를 공격하는 연설을 했다. 더 나아가 평소 자신이 한 말과 신념을 지키기 위해 목숨을 걸고 직접 전장에 나선다. 결국 후세에는 타고난 달변가였던 데마데스가 아닌 후천적 연설가인 데모스테네스의 업적이 더 높이 평가되고 있다.

미국인들의 인권을 위해 애쓴 마틴 루서 킹도 뛰어난 연설가이자 자신의 신념을 지키기 위해 노력한 위대한 인물 중 한 사람이다. 암살된 그의 사체를 부검한 의사는 "심신의 피로와 스트레스 때문에 그의 심장은 마치 60세 노인과 같았다"라고 전했다. 사망 당시 그의 나이는 불과 서른여섯 살이었다. 암살되기 직전까지 13년 동안 마틴 루서 킹은 자신의 신념을 지키기 위해 흑백 인종의 학교 통합, 대중교통 수단과 공공장소에서의 인종 통합, 흑백 인종의 거주지 통합, 흑인의 처우 개선, 흑인의 투표권 확대 등 인권 향상을 위한 모든 운동에 적극적으로 참여했다. 점차 지지자가 많아지고 입지가 단단해졌음에도 불구하고 그는 한 번도 자신의 업적이나 지위를 이용해 대중 위에 군림하려 하지 않았다. 처음 생각했던 것처럼 빈곤하고 어려움에 처한 흑인들과 어울리며 그들이 자발적으로 협조하도록 독려할 뿐이었다. 교통 사정이 좋지 않던 시절임에도 불구하고 총 600만 마일을 돌아다니며 2,500회 이상의 연설을 한 그는 자신의 신념을 몸으로 실천한 대표적인 인물이다. 마틴 루서 킹과 데모스테네스의 공통점은 세월이 흐를수록 사람들의 마음속에 더 큰 울림으로 남는다는 것이다. 그 힘은 바로 그들의 진정성에서 비롯한다.

예수의 경우도 마찬가지다. 단지 3년의 활동으로 그의 신념과 사상은 시대와 장소, 인종을 초월해 엄청난 영향력을 발휘하고 있다. 스스로 삶을 통해서 진정성을 보여줬기 때문에 가능한 일이다. 예수는 메시지를 전하고 그에 따른 실천을 강요하기 이전에 스스로 실천에 앞장섰다. 그의 메시지는 크게 하나님과 이웃에 대한 사랑으로 구분할 수 있다. 그는 그동안 잘못된 방식으로 사람들을 억눌렀던 율법에서 벗어나고자 했다. 신에 대한 사랑은 율법처럼 복잡한 것이 아니라 자신의 죄를 인정하고 신에게 자신을 맡길 때 가능한 것이라고 믿었다. 그러면서 스스로 자신의 목숨을 신에게 의탁했다. 하나님에 대한 사랑을 자신의 삶을 통해 보여준 것이다. 그의 메시지가 힘을 얻을 수 있었던 것은 스스로 자신의 메시지를 실천한 진정성 때문이다.

진정성은 선의(善意), 성실성, 언행일치의 세 가지 구성 요소가 담보되지 않으면 상대에게 전달되지 않는다. 조직 생활을 하다보면 나를 위하는 척하는 사람의 행동 때문에 간혹 곤경에 빠지는 경우가 발생한다. 회사에서 진행되는 자선모금회를 위해 각 부서별로 장기자랑을 발표해야 하는 자리에 추천된 동료가 내가 더 노래를 잘한다면서 미루었다. 음치이지만 꼼짝없이 노래를 해야 하는 상황을 맞게 된다. 그는 실제로 내 노래를 들어본 적도 없으면서 그 상황을 모면하기 위해서 내 칭찬을 한 것이다. 그럴듯하게 포장된 말과 달리 표정과 자세, 눈빛에서 드러나는 가식은 숨길 수 없다. 아마도 그의 행동으로 인해 그나마 원만했던 관계는 깨지게 된다.

예수의 행동과 말은 박해받던 이스라엘 민족에게 큰 위로가 되었다. 만일 그가 자신만을 위해 행동했다면 자신을 따르는 군중들을 이용해 세력을 키웠을 것이다. 그리고 바리새인이나 종교 지도자들과 적당히 타협해 자신의 목숨을 보존했을 것이다. 하지만 예수는 그 길을 택하지 않았다. 당시 변화를 갈망하는 사람들에게 사랑을 전파하고자 하는 자신만의 확고한 신념이 있었기 때문이다. 어떤 사람이든 상대가 자신의 이익을 추구하기보다 공동의 이익을 위해 애쓰며 배려하는 선한 의도에 마음이 흔들리기 마련이다.

예수는 소외당한 사람을 찾아가 함께 기도하고 배우고 토론하며 고민했다. 그는 회당에서, 언덕에서, 배 위에서 자신의 메시지를 전달했다. 광야를 이동하며 사람들을 찾아다녔고, 야외에서 잠을 자며 육체적인 고통을 견뎠다. 사람들 곁으로 더 가까이 가고자 그는 성실성과 진심으로 일관했다. 그런 예수의 한결같은 성실성으로 인해 사람들은 점점 예수를 신뢰하게 되었고, 그 믿음은 오늘날까지 이어지고 있다.

하지만 노력을 통해 신뢰를 얻었다고 해도 말과 행동이 다르면 진정성을 느끼게 할 수 없다. 말과 행동이 일치하기까지는 조금 시간이 걸리지만 소통과 변화에 큰 영향력을 행사한다. 말과 행동을 항상 오차 없이 일치시키는 건 생각처럼 쉬운 일이 아니다. 또 자신의 신념을 올곧게 지켜나가며 실행하는 것은 더욱 어렵다. 그러나 그만큼 어려운 일이기 때문에 해낸다면 사람들을 감동시키고 변화시킬 수 있는 게 아니겠는가.

예수는 스스로 결실의 기쁨을 누리기보다 사람들이 좋은 열매를 맺을 수 있도록 자신을 낮추고 죽임으로써 희생했다. 결과적으로 스스로 롤 모델이 되었던 그의 최고 코칭 기술은 자기 실천을 몸소 보여주었던 진정성에 있다고 할 수 있다.

"너희가 내 안에 거하고 내 말이 너희 안에 거하면 무엇이든지
원하는 대로 구하라, 그리하면 이루리라."

요한복음 15:7

변화의 달인이 되어라

변화의 나침반, 예수

총체적인 삶을 변화시키는 예수 코칭

코칭은 쌍방향적 관계 속에서 서로를 도우며 자아실현을 이루어나가는 변화 과정이다. 변화를 시도할 때 방향성은 매우 중요하다. 망망대해에서 지표를 잃은 배가 목적지에 도착할 수 있는 확률은 0퍼센트에 가깝다. 코칭 또한 마찬가지다. 그렇다면 예수가 추구한 성공적인 코칭의 방향은 어떤 쪽이었을까?

우선 예수는 사고의 변화를 추구했다. 더 많은 돈, 더 넓은 집, 더 큰 행복…… 사람들의 욕망은 끝이 없다. 그러나 이런 욕망은 달콤한 음료와도 같아서 마실수록 더 큰 갈증을 불러온다. 그뿐만 아니라 치아를 상하게 하고 위를 자극하는 등 건강을 해치는 부작용을 낳기도 한다. 당장의 욕구를 해결하기 위해 더 소중한 것을 잃는 격이다.

사람들의 이런 욕망의 속성을 너무도 잘 알고 있던 예수는 인간으로서의 욕망을 채우기보다는 하늘의 소망을 가지도록 사람들을 코칭했다. 또 억압받는 이스라엘 사람들에게도 일시적 해방이라는 달콤한 음료를 주기보다는 정신적 해방이라는 생명의 물을 제공했다.

달콤한 음료에 길들여진 사람들에게 아무것도 첨가되지 않은 순수한 물은 꽤 밍밍하게 느껴진다. 하지만 시간이 지나면서 물의 순수한 생명성을 서서히 깨닫게 되면 그 물이 자신을 어떻게 변화시키는지 경험하게 될 것이다. 개개인의 그런 작은 변화는 나아가 사회를 변화시키는 씨앗이 된다.

예수가 추구한 또 하나의 방향은 생활의 변화였다. 십자가에는 하나님에 대한 사랑과 함께 이웃에 대한 사랑이 담겨 있다. 예수는 이기직인 마음을 버리고 '네 이웃을 네 몸같이 사랑하라'고 가르침으로써 타인과의 관계를 중시했다. 이는 곧 소통형 인간이 되어야 한다는 의미이기도 하다.

마지막으로 예수는 자존감을 가진 사람으로의 변화를 추구했다. 예수는 한 마리 잃어버린 양이 나머지 아흔아홉 마리의 양만큼이나 중요하다는 비유를 통해서 사람들로 하여금 자신이 얼마나 소중한 존재인지를 깨닫게 하고 스스로의 가치를 높이도록 했다. 성인 남자 중심이었던 당시 사회 상황에 개의치 않고 소외된 어린아이와 여인들에게 따스한 관심을 보임으로써 그들의 존재를 인정했다. 자존감은 다시 일어설 수 있다는 스스로에 대한 믿음이다. 변화는 나 자신을 믿고 사랑할 때 비로소 시작되는 것이다.

그렇다면 우리는 어느 방향으로 변화해야 될까? 예수가 알려준 방향으로 가보자. 땅의 소망(물질적이고 일시적인 것)이 아니라 하늘의 소망(영원하고 가치 있는 것)을 추구하도록 코칭한 사고의 변화에 따라 자신의 꿈에 좀더 가까이 다가가는 인간이 되어야 한다. 바쁘다는 이유로 우리는 쉽게 꿈을 접고 살아간다. 그러나 아무리 현실이라는 굴레에서 벗어날 수 없더라도 자신이 진정으로 원하고 가치 있게 여기는 꿈과 목표가 무엇인지 찾아야 한다. 그리고 그 꿈과 목표를 향해 나아가는 것이다.

또 이웃을 배려하는 생활의 변화에 따라 상호 교섭적인 인간이 되어야 한다. 사람은 혼자 살 수 없다. 따라서 타인과의 관계를 통해 서로를 위로하고 격려해야 하며, 서로를 발전시키는 관계로 나아가야 한다. 안타깝게도 오늘날의 우리는 서로를 이용하고 계산하며 가식적으로 관계를 이어갈 뿐이다. 상호 교섭적이라는 것은 원만한 커뮤니케이션을 이룸으로써 서로에게 필요한 사람, 서로를 이해하고 돕는 사람이 되는 것을 말한다.

다음은 자존감을 가진 사람으로의 변화에 따라 주체적이고 능동적인 인간이 되어야 한다. 스스로 판단하고 스스로 자존감을 가질 수 있는 사람으로 거듭나는 것이다. 변화하는 사회 속에서 자신을 진화시키고 발전시킬 수 있는 원동력을 키워야 한다. 그러기 위해서는 일치적인 소통이 필수다. 마음속의 느낌, 머릿속의 생각, 말과 행동이 일치할 때 진정한 자존감을 경험할 수 있다.

변화를 찾아 떠나는 여행길에는 분명한 목표가 정해져야 한다. 개개인에 따라 방향과 목적지는 제각각일 것이다. 하지만 그 목적지에서 공통적으로 변화된 자신의 모습을 확인하고 그 변화는 각자의 꿈에 좀더 가까워지기 위한 디딤돌이 되어야 한다. 그러기 위해서 더 주체적이고 능동적인 인간으로, 자존감이 충만한 인간으로 거듭나야 한다. 그것이 바로 변화하는 사회 속에서 자신을 진화시키고 발전시킬 수 있는 원동력이다. 자, 이제 본격적으로 변화를 찾아 여행을 떠나보도록 하자.

내가 변해야 인생도 변한다

'당신은 어떤 사람입니까?' 라는 질문을 받았을 때 명확히 자신을 설명할 수 있는 사람은 아마 많지 않을 것이다. 하지만 스스로를 변화시킨다는 것은 결국 '진정한 나' 를 찾는 과정이다. 그렇다면 나만의 진면목은 어떻게 찾을 수 있을까?

자신을 잘 설명하기 위해서는 우선 자신의 모습을 다각도로 살펴보아야 한다. 마치 MRI를 찍듯이 자신의 모습을 다양한 각도로 관찰하면 좀더 명확하게 알 수 있다. 가장 쉬운 방법은 다른 사람이 나를 어떻게 평가하는지, 사회에서의 위치는 어떤지 등을 살펴보는 것이다. 대부분의 사람들은 가정이나 회사, 친구들 앞에서 보여주는 모습이 모두 다르다. 그래서 사람들이 규정하는 '나' 는 어떤 관계에 위치하느냐에 따라 다를 수밖에 없다. 또 다른 나는 내면적인 것으로 생각이나 느낌, 희망, 행복, 슬픔 등 외부 평가와 별개의 솔직한 모습이다. 그리고 세 번째는 타인이 바라보는 나와 내면의 나 사이의 간극을 줄이고자 노력하는 '나'다.

다음의 질문에 솔직하게 답해 보자. 답을 채워나가며 자신의 모습을 MRI해 보자.

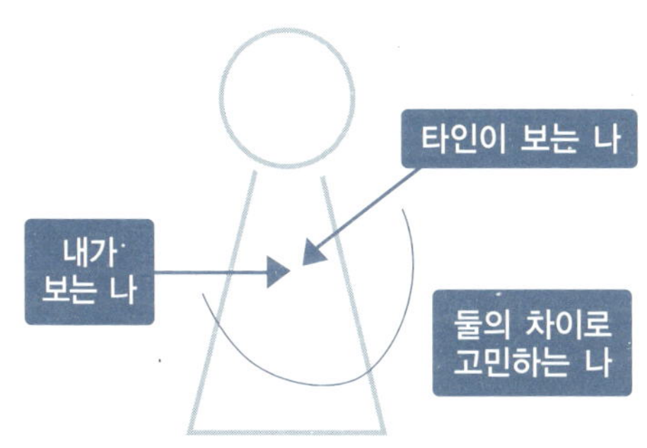

- 당신의 위치/지위는 어떠한가?(가정, 학교, 직장 등)

- 당신은 스스로를 믿는가?

- 당신은 자신을 자랑스러워하는가?

- 당신은 마음을 솔직히 표현하는가?

- 당신의 핵심 가치는 무엇인가?

- 당신의 전문성을 잘 나타내는 능력은 무엇인가?

- 당신의 성격상(관계) 장점은 무엇인가?

- 다른 사람은 당신을 어떻게 평가하는가?

- 당신이 원하는 자신의 모습, 이미지는 무엇인가?

- 다른 사람이 보는 이미지와 당신이 바라는 이미지의 간극을 줄이기 위

해 어떤 노력을 하고 있는가?

스스로를 변화시키는 과정에서 또 하나 해야 할 것은 자신의 목소리를 녹음하는 일이다. 자기중심적 소통에 익숙한 우리는 자기 자신은 문제가 없으며 항상 옳고, 배려심이 깊은 사람이라고 착각한다. 그러나 자신이 말하는 것을 한 번 녹음해서 들어보라. 상대에게 들리는 나의 말소리, 즉 나의 어조와 톤과 목소리 등을 객관화해서 들어볼 수 있다. 짜증나고 거친 말투를 좋아할 사람은 아무도 없다. 하지만 스스로 의식하지 못하는 사이 자신이 그런 말투를 사용하고 있지는 않은지 확인하는 것이다.

객관적으로 나를 관찰하라
(준비 단계)

모든 변화는 나 자신에서부터 시작된다. 부모로서, 스승으로서, 상사로서 상대방의 변화를 바란다면 먼저 자신부터 변화하는 모습을 보여야 한다. 하지만 처음부터 무리하게 변화를 꿈꿀 필요는 없나. 우선 노력하는 것만으로 족하다. 목표도 중요하지만 그보다는 과정이 훨씬 더 중요하다. 올바른 방향성을 향한 변화는 하루가 다르게 긍정적인 모습으로 우리를 바꾸어놓기 때문이다.

앞서 말했듯이 '준비 단계'에서 가장 먼저 해야 할 일은 자신의 생활을 꼼꼼하고 냉정하게 분석하는 것이다. 무엇부터 점검해야 할지 막막하다면 다음의 표를 활용해 보자. 이때 명심할 점은 솔직하게 기록해야 한다는 것이다.

		월	화	수	목	금	토	일
오전	한 일							
오후	한 일							
저녁	한 일							
업무·공부	시간							
수면	시간							
자기계발	시간							
관계·만남	시간							
가족 간의 만남	시간							
휴식과 문화생활	시간							
기 타	시간							

〈하루 일과 분석표〉(단위: 시간)

이처럼 표를 작성하는 일은 단순히 기록만을 목적으로 하지 않는다. 하루 일과를 어떻게 보내는지 살펴봄으로써 허투루 보내는 시간에 대해 반성하고, 새로운 계획을 세우기 위해서다. 또 하루 중 가장 많은 시간을 할애하는 부분은 무엇인지 파악함으로써 자신이 목적 지향적인 삶을 살고 있는지 아니면 수동적인 생활을 하고 있는지 확인할 수 있다. 이때 반드시 객관적이어야 한다는 사실을 명심하자.

그 다음은 표에 나타난 생활 패턴에 따라 자신에게 어떤 변화가 필요한지 분석한다. 지금의 생활에 만족한다면 성공적인 삶을 살고 있거나 반대로 쉽게 안주하는 발전 없는 사람일 것이다. 그렇지 않고 조금이라도 불만스러운 부분이 있다면 발전과 변화에 대한 욕구가 있는 사람이다.

그렇다면 과연 나에게는 어떤 변화가 필요할까? 그 답 또한 표에 나타나 있다. 차분히 자신이 작성한 표를 들여다보자. 예를 들어, 자기계발 분야에 투자하는 시간이 제로에 가까운 사람이라면 당연히 그에 따른 변화가 필요하다. 또 수면 시간은 평균 이상인데 비해 문화생활이나 다른 사람과의 교류에 할애하는 시간은 턱없이 적은 사람도 있을 것이다. 그런 경우 역시 수정이 필요하다. 하지만 이때 무조건 타인과 비교해서 일반적이라고 생각되는 생활 패턴을 모방하기보다는 자신만의 일과표를 만들어야 한다. 자신이 목표한 지점에 도달할 수 있는 방향을 정해야 한다는 의미다. 그 방향은 예수가 알려준 다음과 같은 변화의 원칙들이다.

여기까지 진행하고 나면 이런 변화를 위해 단절해야 할 것들은 무엇인지, 자연스럽게 사고가 확장된다. 나의 꿈과 변화를 가로막고 있던 장애물들은 지극히 현실적이고 소소한 것들이라는 사실에 조금은 놀랄 것이다. 술, 담배, 컴퓨터 게임, 게으름, 나태함, 현실적인 타협 등 사소한 것들에 발목이 잡혀 인생의 많은 시간을 허비했다는 사실을 자각하는 순간 쥐구멍에라도 숨고 싶은 생각마저 들 것이다.

방송국 동료 중에 술을 아주 좋아하는 선배가 있었다. 일의 특성상 잦은 술자리는 그의 음주를 부추겼다. 술로 인해 그는 많은 시련을 겪게 되었다. 음주 교통사고뿐 아니라 술자리에서 다른 사람과 시비가 붙어 중상의 상해를 입기도 했다. 그로 인해 부인과도 갈등이 커져 이혼 위기에 놓이게 되었으며, 아이들에게는 인정받지 못하는 가장으로 전락하고 말았다. 이런 엄청난 시련을 겪으면서 그는 술을 끊기 위해 노력했다. 하지만 계속 부추기는 동료들에게 떠밀려 가게 되면서 술자리의 유혹을 쉽게 떨쳐버리지 못했다. 그리고 주변 사람들에게 술 좋아하는 사람으로 각인된 자신의 이미지를 지우지 못했다.

일상에서 반복되는 이런 장벽은 누구에게나 한두 가지씩 있게 마련이다. 누구보다 자기 자신이 잘 알 것이다. 바로 이 장벽과의 단절이 변화를 위한 준비의 시작이다. 준비 단계에서는 너무 거창한 원칙을 세우기보다 변화의 목적을 염두에 둔 단절을 먼저 선언하는 것이 필요하다. 그것이 바로 자신을 위한 세례다.

단절해야 할 것들	늦잠, 휴일의 게으름, 술 혹은 담배, 컴퓨터 게임
단절을 위해 필요한 원칙	– 휴일에 2시간 이상 자기계발 위해 투자하기 – 컴퓨터 게임 하루 1시간만 하기 – 술자리는 일주일에 2회 이내로 줄이기 – 일주일에 3회 이상 가족과 함께 식사하기

〈단절 선언의 예〉

자기 자신을 인터뷰하라
(관심과 질문 단계)

질문은 곧 관심의 표명이며 관계의 시작이다. 예수 역시 지위와 나이, 성별을 막론하고 먼저 다가가 대화하기를 주저하지 않았다. 이때 질문은 그 과정을 훨씬 수월하게 만들어주는 역할을 한다. 이는 자신을 변화시키는 과정에도 적용된다. 타인을 향해 관심을 갖고 질문을 던지듯이 자기 자신에게 말을 거는 것이다. 인터넷에 뜬 가십거리 기사에도 클릭을 할 만큼 다른 사람 일에 쓸데없이 관심을 갖는 우리는 정작 자기 자신에 대해서는 잘 모르고 있다. 수시로 들여다보는 거울을 통해 정작 우리가 들여다봐야 하는 것은 외모가 아니라 감춰져 있거나 혹은 외면하고 있는 자신의 내면이다.

지금이라도 자신이 가장 행복할 때는 언제이며, 가장 소중하게 여기는 가치관은 무엇인지, 자신이 살아온 길이 과연 어디로 향하고 있으며, 진정한 꿈은 무엇인지 스스로 질문을 던져보라. 그동안 버려두었던 행복을 되찾고 싶다면 다음 표의 항목들을 구체적이고 솔직하게 적어보도록 하자.

상황	내용
가장 행복했던 순간은 언제인가?	
자신이 실망스러웠던 순간은 언제인가?	
가장 싫어하는 것은 무엇인가?	
가장 좋아하는 것은 무엇인가?	
다른 사람에게 숨기고 싶은 것은 무엇인가?	
잘못한 것은 무엇인가?	
가장 잘하는 것은 무엇인가?	

〈나에게 할 수 있는 질문들〉

행복은 거창한 데서 찾을 수 있는 것이 아니라 지극히 소소한 일상에서 느끼는 감정이다. 한 심리학 박사는 행복을 찾기 위해 집안 침실을 호텔처럼 바꾸었다고 한다. 그 이유는 호텔에서 하룻밤 묵으면 기분이 좋아졌고, 자신의 기분이 좋아진 이유를 곰곰이 생각해 본 결과 깨끗하고 산뜻한 무늬의 침대보와 은은하고 세련된 조명이라는 것을 알게 되었기 때문이다.

행복은 우리가 생각하는 것처럼 추상적이지도 물질적이지도 않다. 일상에서 벗어나 노천카페에 앉아 바람을 느끼며 마시는 진한 커피 한 잔을 음미하며 '아, 좋다!' 하고 느끼는 감정이 바로 행복이다. 그렇게 소소한 일상 속에는 우리가 누릴 수 있는 행복이 넘쳐난다. 단지 자각하지 못해서 누리지도 못할 뿐이다.

표에 빈칸을 모두 채웠다면 전체를 다시 꼼꼼하게 살펴보자. 자신의 참모습이 어느 정도 윤곽을 드러낼 것이다. 예수는 질문과 대답의 과정을 통해서 사람들이 자신의 진짜 모습을 찾을 수 있도록 도왔다. 수면 위에 드러난 빙산의 일각으로 수면 아래 버티고 있는 빙산 전체를 짐작할 수 없듯이, 자신의 내면에 엄청난 거인이 잠자고 있다는 사실을 발견하게 될 것이다. 그 거인을 깨워 불러내는 것은 순전히 자신의 몫이다.

수시로 자기 자신과 대화를 나누는 것 외에도 타인에게 피드백을 받는 것도 좋은 방법이다. 특히 자기 자신에게 객관적 시선을 유지하기가 힘들다면 심리학자 조지프 루프트(Joseph Luft)와 해리 잉엄(Harry Ingham)이 고안한 나(Self)와 타인(Other)과의 관계 속에서 자아를 발견하는 심리학적 방법론을 이용하는 것이 효과적이다. '조하리의 창 이론'에 따르면 사람의 마음은 네 가지 영역으로 구성되는데 사람에 따라서 각각 그 영역의 넓이가 다르며, 그 차이가 개인의 인간관계를 가져온다고 한다. 그중에서 나는 모르지만 다른 사람이 알고 있는 나의 모습, 즉 눈먼 자아를 발견하는 것이다. 이때 '나'는 코치이자 수용자의 역할을 동시에 수행하게 된다. 이 과정을 거치면 자신의 실체에 좀더 가까이 다가갈 수 있다. 적절한 자기 노출과 피드백을 통해 숨겨진 혹은 '눈먼 자아'의 영역을 줄이고 '열린 자아'의 영역을 점차 확장해 나가는 것이다.

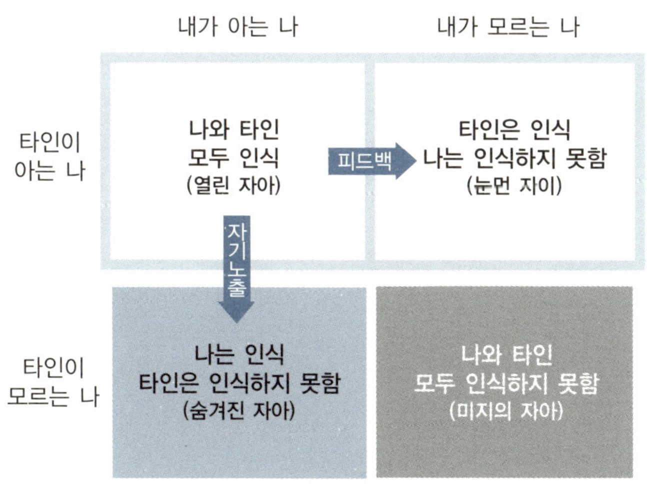

〈조하리의 창 이론〉

다음은 자신이 어떤 모습이었으며 앞으로 어떤 변화를 바라는지 알아보는 순서다. 예시에서 보는 것처럼 자신의 실체와 변화된 모습을 구체적으로 기술한다. 그 다음 궁극적으로 추구하는 자신의 모습이 무엇인지 한 문장으로 적어보자.

	지금까지의 나	나에게 바라는 점	궁극적인 내 모습
예	술을 좋아한다 성실하다 잠이 많다 자기중심적이다 머리가 좋다	술을 절제하는 나 성실하고 자존감이 큰 나 계획적이고 부지런한 나 배려를 잘하는 나 명석한 나	자기 조절을 잘하며 능력 있는 나

〈나의 Before & After〉

궁극적으로 자신이 바라는 '나'에 대해 어느 정도 정의를 내렸다면 이제는 예수가 알려준 세 가지 방향성에 맞추어 그 목표를 더욱 세분화하는 단계다. 다양한 시각에서 나의 꿈과 방향성을 찾을 필요가 있다. 작은 것이라도 좋다. 꿈을 이루기 위해 할 수 있는 구체적인 목표를 도출해 보자.

방향	구체적인 목표
꿈에 더 가까워지는 나	예) 1년 내에 대학원 진학하기, 5년 내에 창업 비용 마련하기 (기한을 정하는 것이 중요하다)
상호 교섭적인 나	예) 갈등 관계에 있는 사람을 이해하고 화해하기, 주변 사람에게 안부 전화하기
주체적이고 능동적인 나	예) 철저하게 시간을 관리해서 자기계발에 시간 할애하기

내면의 나와 공감하라
(공유와 공감의 단계)

예수는 사람들과 공동체 생활을 하며 메시지를 전하고 소통함으로써 전인격적인 코칭을 시도했다. 이렇게 삶의 모습을 함께 나누면 이성적, 감성적 그리고 인격적으로 서로 교류할 수 있는 기회가 훨씬 많아진다. 공동체 생활을 하는 대표적인 집단인 가족이 숱한 위기를 겪으면서도 지속되는 것은 함께 지내면서 서로 소통하고, 혈연이라는 특수한 관계로 연결되어 있기 때문이다. 가족 이외에 회사나 학교 등 집단에 항상 소속되어 있어야 하는 개인이 변화하기 위해서는 어떤 노력을 해야 하는지, 그 속에서 자신을 변화시키기 위한 공유와 공감은 어떻게 이루어지는지 알아보자.

첫째, 온전히 나 자신을 위한 시간을 갖는다. 특히 결혼한 여성들의 삶을 들여다보면 그녀들의 거의 모든 시간은 자신의 삶이 아니라 가족의 삶을 위해 쓰인다고 해도 과언이 아니다. 남편 뒷바라지에 육아와 교육, 며느리 노릇에 딸 노릇까지 몸이 두 개라도 모자랄 지경이다. 게다가 맞벌이라도 하는 여성이라면, 가사와 일 두 마리 토끼를 잡기 위해 고군분투할 것이다.

이런 사정은 남성들이라고 해서 크게 다르지 않다. 직장에서 시달리며 일주일을 보낸 남편들은 소파에 누워 텔레비전을 보는 것으로 주말을 보낸다. 아내와 아이들은 가장의 이런 모습을 달가워하지 않는다. 놀이동산에도 데리고 가고 백화점이나 장을 보는 데도 함께 가길 원한다. 그래야만 가정에 충실한 가장이라고 여긴다.

사실 우리나라 남자들은 놀이 문화, 즉 여가를 활용하는 데 익숙하지 않다. 텔레비전을 보면서도 즐기는 것이 아니라 그냥 시간을 때우는 분위기다. 이는 술자리에서도 마찬가지다. 어느 정도 취기가 오르면 마치 게임이라도 하듯 경쟁적으로 술을 마신다. 그 모습은 누가 더 힘이 센지 과시하기 위해 서로 머리를 부딪치는 수사슴과도 같다. 결국 서로 스트레스를 받고 건강만 해칠 뿐이다.

아이들은 또 어떠한가? 부모들이 이루지 못한 꿈과 기대가 투영되어 어린 시절부터 세뇌를 받는다. 부모들의 바람대로라면 우리는 모두 판검사나, 의사, 교수나 장관이 되어야 한다. 하지만 사람은 저마다의 몫이 있고 그릇이 있으며 또 재능이 있다. 그런데도 부모들의 욕심을 채우기 위해 끌려다니는 우리의 아이들은 자신을 생각할 시간이 없다. 이런 환경은 수동적이며 변화하지 못하는 또 하나의 어른을 만들어놓을 뿐이다. 사람이라면 누구라도 자신만의 생각을 할 수 있는 시간을 가져야 하는 것은 지극히 당연하다. 아내도, 남편도, 아이들도 자신만의 시간이 반드시 필요하다.

앞서 '나에게 던지는 질문들'이라는 표를 작성했던 것처럼 '내가 행복했던 순간'들을 떠올리고 적극적으로 실천해 보자. 실생활에 방해되지 않는 범위 내에서 과감하게 시도해 보자. 물론 주변 사람들의 협조와 양해가 어느 정도 필요할 것이다. 계획에 따라 한 번으로 족할 수도 있지만 무엇인가 배우고자 한다면 적어도 한 달 이상의 시간을 투자해야 할 수도 있다. 일주일 계획표를 만들어 자신이 하고 싶은 것을 실천해 보는 것이다. 언젠가 봤던 〈해바라기〉라는 영화에서 감옥에 있던 주인공이 출옥 후 사회에서 해보고 싶은 것들을 일기장에 빼곡하게 적는다. 그 주인공은 살인에 대한 자책과 반성으로 시간을 보내며, 다시 기회가 주어진다면 소소한 행복들을 누리는 삶을 꿈꾸었던 것이다. 그 바람은 간절했을 것이다. 그런 마음으로 일주일 생활 계획표를 만들어보자.

'일주일 생활 계획표'를 성실하게 실천했다면 꼭 해야 할 일이 있다. '행복했던 일'을 다시 시도할 때 과연 지금 상황에서 할 수 있는 것인지, 해도 되는 것인지를 따져봐야 한다. 가령 어렸을 때 엄마 품에 안겨 젖을 먹을 때가 가장 행복했다고 해서 지금 똑같은 행동을 할 수 없는 것과 같다. 자신이 행복해지는 일이라고 해서 모든 일이 가능한 것은 아니다. 적어놓은 목록 중 최대한 행복을 느낄 수 있는 일들을 추린 후 지금 해도 되는지 적절하게 평가해야 한다.

요일	하고 싶은 일	만족도 (10점 만점)
월		
화		
수		
목		
금		
토		
일		

〈일주일 생활 계획표〉

우선 자신의 행복을 위해 타인과의 관계에 방해가 되어서는 안된다. 낚시를 좋아해서 주말마다 낚시를 간다고 가정해 보자. 그러면 가족과의 관계에 분명 문제가 발생할 것이다. 또 좋아하는 게임을 계속하기 위해 업무 시간에도 한다면 이 또한 문제가 있다. 이처럼 하고 싶은 일을 할 때 발생할 수 있는 문제가 있는지 체크해 보자. 그 기준은 다음과 같다.

타인과의 관계에 방해가 되는 일
자신의 꿈에서 점점 멀어지는 일
중독성이 있으며 열정을 소비시키거나 심한 육체적 피로를 불러오는 일

아무리 자신이 좋아하고 행복을 느끼는 일이라고 해도 타인과의 관계를 훼손하거나 자신을 사회에서 고립시킨다면 문제가 있다. 스스로의 변화에서 가장 중요한 점 중 하나가 상호 교섭적 인간이 되는 것임을 기억해야 한다. 사람과의 관계 속에서 자신의 발전도 가능하다는 사실을 잊지 말아야 한다.

또 자신의 꿈을 이루기 위해서는 과감하게 버려야 할 것들이 있다. 우선 재충전의 시간을 넘어 지나치게 에너지를 소모시키는 일은 피해야 한다. 비생산적인 일에 몰입한 나머지 정작 꼭 해야 할 일에는 소홀할 수 있기 때문이다. 적당한 취미 활동은 삶의 윤활유 역할을 하지만 도가 넘치면 해가 된다. 소모적인 행위로 육체적 피

로가 쌓이는 것도 문제다. 육체적으로 극심한 피로를 느낀다면 그것은 진정으로 자신을 위하는 일이 아니다. 물론 일시적인 경우이거나 그 취미가 이루고자 하는 꿈과 직결된다면 예외일 수 있다. 그러나 이런 일이 수시로 반복된다면 에너지 고갈로 정작 중요한 일을 그르칠 수 있다.

두 번째는 작은 일이지만 성취의 기쁨을 누려야 한다. 너무 높게 목표를 세우기보다 일상의 작은 일들, 예를 들면 지하철에서 자리 양보하기, 일찍 출근해서 사무실 정리하기, 집안일이 생기면 먼저 하기 등을 실천한다. 작은 일에서 얻은 성취감은 더 큰일을 도모할 수 있는 원동력이 된다. 심리학자 제임스는 자존감에 대해 다음과 같은 공식을 내세웠다.

$$\text{자존감} = \frac{\text{성공}}{\text{욕심}}$$

즉, 자존감을 높이기 위해서는 욕심을 줄이고 성공을 늘려야 하는데, 이때의 성공은 거창한 것이 아니라 작은 일의 성취를 말한다. 또한 현실과 동떨어진 지나친 욕심도 경계해야 한다. 능력 밖의 일을 추구하다 보면 자기비하와 열등감에 빠질 수 있다.

얼마 전 대학을 졸업한 뒤 처음으로 봉사활동을 나가게 되었다.

자발적인 참여가 아니라 회사 차원의 차출 형식이었다. 어느 달동네에 연탄을 나르는 일로, 아나운서뿐만 아니라 사장 등 임원진도 참여하여 봉사활동이 시작되었다. 카메라들이 쫓아다니며 봉사하는 장면을 촬영했다. 봉사자들은 세 개 조로 나뉘어 일을 진행했는데, 나는 그중 가장 일이 험하고 카메라에도 잡히지 않는 조에 속해 있었다. 기분이 썩 좋지 않았고, 일을 하면서도 계속 카메라에 신경이 쓰였다. 그런데 곧 나에게 작은 변화가 일어났다. 어렵게 사는 분들의 모습을 보니 마음 한구석에서 그분들에게 조금이나마 진심을 보여주는 것이 카메라에 찍히는 것보다 더 중요하다는 생각이 들었다. 나에게 말을 걸고 있었다. '나의 작은 행동이 주변은 물론 나 자신을 변화시키는 출발이야.' 나에 대한 믿음을 확인하자 전보다 몸과 마음이 가벼웠고 저절로 움직이고 있었다. 사람들이 보든 보지 않든 나는 묵묵히 연탄 수레를 끌었다. 잔머리를 굴리기보다는 주어진 일을 '나'를 위해 하게 되었다. 내 마음과 생각이 일치하니 몸으로 실천하고 있었다.

사실 2~3시간의 봉사로 달동네에 사시는 분에게 도움을 드렸다고 할 수 없다. 하지만 그 짧은 봉사가 나에게는 아주 큰 가르침을 주었다. 나에 대한 긍정과 내 일치적 소통 방식이 나를 변화시키는 출발점이라는 사실을 말이다. 오랜만의 노동으로 집에 돌아와 파스를 붙이는 등 난리법석을 피웠지만 마음은 그 어느 때보다 홀가분했다. 일상에서 하는 작은 실천이 스스로의 자존감을 높일 수 있는 튼튼한 초석이 된다는 사실을 직접 경험할 수 있었다.

세 번째는 운동을 통해 내 육체와 소통하는 것이다. 박사 과정 당시 방송과 학업을 병행하다 보니 몸과 마음이 꽤 지친 적이 있었다. 게다가 불규칙한 생활로 식사를 거르거나 폭식하는 습관이 생겨 몸무게가 무려 7~8킬로그램이나 늘어났다. 변화가 절실했다. 그때 변화의 방법으로 선택한 것이 달리기였다.

처음에는 어느 정도까지 뛸 수 있는지 알아보기 위해 무작정 달렸다. 하지만 뛴 지 10분도 지나지 않아 주저앉고 말았다. 그때의 체력으로는 3킬로미터를 달리는 것도 힘든 상태였다. 하지만 변화에 대한 절실함과 살을 빼서 이전 모습으로 돌아가겠다는 분명한 목표를 생각하며 이를 악물었다. 그 이후 규칙적으로 달리기를 했다. 달리기를 시작한 지 1년이 지나자 하프 마라톤까지 가능할 정도가 되었고, 꾸준히 일주일에 두 번 15킬로미터를 달리자 비로소 몸에 변화가 느껴졌다.

지금 생각해 보면 달리기는 매우 철학적인 운동이 아닌가 싶다. 10킬로미터를 달린다고 가정했을 때, 초반 2~3킬로미터를 날릴 즈음이면 만감이 교차한다. 여러 가지 생각이 머릿속을 헤집는다. '너무 무리하는 거 아닌가?', '시간도 너무 늦은 것 같고 집에 가서 해야 할 일도 있는데, 그냥 오늘은 5킬로미터만 뛸까?' 등 별별 핑계들이 유혹한다. 그 한계를 극복하고 달리다보면 고비를 넘길 수 있다.

6~7킬로미터쯤 달리면 또 한 번의 유혹이 찾아온다. 육체적으로 지쳐 호흡이 가쁘고, 다리는 천근만근 무거워진다. 하지만 이 시

기만 잘 참으면 달리기의 묘미를 느낄 수 있다. 유혹의 순간을 벗어나 참고 달리다보면 고통보다는 즐거운 마음이 들고 몸이 다시 가벼워진다. 그렇게 정해놓은 10킬로미터를 완주한 뒤 온몸으로 바람을 맞으며 한강을 바라볼 때의 느낌은 말로 표현할 수 없을 만큼 상쾌하고 뿌듯하다. 달리기를 통해 자신의 몸과 진정으로 교감을 나누는 것이다. 꼭 달리기가 아니어도 좋다. 각자 자신에게 맞는 운동, 자신이 좋아하는 운동을 한 가지씩 정해서 시작해 보도록 하자. 운동은 자신의 몸과 솔직하게 만날 수 있는 훌륭한 소통 방법이다.

네 번째는 자신의 내면을 들여다볼 수 있는 시간을 갖는 것이다. 예수의 가치는 땅에 있는 것이 아니라 하늘에 있다. 또 바람처럼 흩어지는 것이 아니라 반석처럼 오래 지속되는 가치를 추구한다. 예수의 선교 시절을 보면 혼자 있는 시간이 많았다. 이는 자신의 진정한 가치를 생각하며 자신과 교류하는 시간이었다.

당신은 혼자 생각하고 묵상하는 시간이 얼마나 되는가? 사실 현대인 중에서는 묵상은 관두고라도 혼자 있는 시간을 갖는 사람조차 흔치 않다. 직장에서도 집에서도 사람들과 함께 있거나 그렇지 않으면 온갖 미디어가 그 자리를 대신한다. 텔레비전, MP3, 라디오, DMB, 휴대전화, 게임기, 인터넷 등 온갖 전자기기와 미디어의 홍수 속에서 우리는 잠시도 오롯이 혼자 있지 못한다.

기도와 묵상은 자신을 돌아보고 가치를 고민하는 시간이다. "생각이 깊어지면 행동하지 아니할 수 없습니다"라는 말처럼 우리가 행동하지 못하는 것은 그만큼 깊이 생각하는 습관 내지는 훈련을 하지 못해서다. 예수는 중요한 순간마다 기도를 통해 자신을 다잡았다. 종교 지도자들에게 붙잡히기 직전에도 산에 올라가 하나님께 기도하며 자신의 임무를 다시 한 번 생각했다. 바쁜 일상 속에서 잠시라도 짬을 내어 묵상하는 일은 나와의 진정한 공감대를 마련하는 지름길이다.

나와의 소통은 곧 자신과의 대화다. 빡빡한 일과를 잠시 놓아두고 자신의 생활을 돌아보는 일이다. 오직 나에게 집중하고 몰입해서 자신의 행복과 가치 그리고 정체성을 발견하는 시간이다. 얼마 전부터 제주의 '올레'가 각광을 받고 있다. 아름다운 풍광을 따라 두 발로 걸으며 온몸으로 제주를 느끼는 것이다. 그 과정 속에는 느림의 미학이 담겨 있다. 아무 생각 없이 자연을 느끼며 길을 걷다보면 마음의 평안이 찾아오면서 어느새 바다도 되고 바위도 되고 바람도 되고 나무도 되고 들꽃도 되고 구불구불한 길도 되어 있는 자신을 발견할 수 있다. 이때 묵상하는 특별한 방법이 있는 것은 아니다. 스스로를 돌아보고 쉴 수 있는, '나'와 대화할 수 있는 장치를 만들어보자.

변화를 위해 계획을 실천하라
(실행 단계)

예수의 실행은 메시지 전달과 그에 따른 실천이었다. 메시지 전달이 중요한 이유는 인식의 변화를 가져올 수 있기 때문이다, 그래서 나에게 알맞은 메시지와 조언을 해줄 사람이 필요하다. 스스로를 변화시키는 과정에도 조언자로서의 멘토가 있어야 하는 것은 필수다. 이 책에서 주장하는 멘토는 다름 아닌 예수다. 사람들을 변화시킨 그의 코칭 과정을 따라가면서 우리도 스스로 변화를 추구하는 것이다.

그 이외에도 우리 주변에는 멘토로서의 역할을 톡톡히 해줄 수 있는 사람들이 꽤 많다. 꿈을 위해 노력하는 사람, 관계 맺기를 잘하는 사람, 주체적이고 능동적인 사람이나 성공을 거둔 인물들 중

롤 모델을 찾는 것도 좋은 방법이다. 또 어려움과 역경이 있을 때마다 어떤 방식으로 문제를 해결했는지, 그들의 기지와 노력을 벤치마킹하는 것도 좋다. 또 멘토가 현존하는 사람에 국한될 필요는 없다. 예를 들어, 책을 통해서도 우리는 많은 것들을 배울 수 있다. 이때 독서 노트를 만드는 것은 탁월한 효과를 얻을 수 있다. 책에서 얻은 정보와 감동 혹은 교훈적인 것들을 그때그때 메모하고, 방송을 보며 느낀 점과 사람들과의 대화를 통해 얻은 지식이나 참고사항 등을 메모해 두면 적재적소에 사용할 수 있어 유용하다.

이제 나를 위해 단절해야 할 것들의 목록을 꼼꼼하게 작성하고 이를 실천해 보도록 하자. 다음의 예를 참고해서 자신만의 목록을 작성하자.

단절해야 할 것	실천시 어려운 점	극복 방안	조언
예) 흡연	과도한 스트레스와 술자리	전문가의 도움을 받아 금연 프로그램에 가입하고, 금연 패치 등을 활용한다.	
예) 지나친 수면	잠을 자지 않으면 피곤하다.	병원에 가서 몸 상태 확인하고, 아침에 할 수 있는 일을 정한다. (운동, 학원 등)	
예) 급격한 감정 변화와 화	습관이 되어서 잘 통제되지 않는다.	화가 나면 우선 심호흡을 한다. 전문적인 상담과 함께 자신의 언어 습관을 녹음한다.	

〈나를 위해 단절해야 할 것들〉

실천할 것	실천시 어려운 점	실천 방안	조언	해당 목표
예) 대학원 진학	불규칙적인 직장 생활과 집안의 가장이라는 역할로 인해 시간 내기 어렵다.	가족과 직장에 자신의 계획을 설명하고 협조를 구한다.		꿈을 이루는 인간
예) 김 과장과 화해	너무 오랜 갈등 상황이라 어떻게 실천해야 할지 모르겠고, 또 필요성도 못 느낀다.	우선 그 사람을 관찰하면서 이해하도록 노력한다. 그런 후 식사 등을 하면서 공통 관심사를 찾아 친밀감을 높이도록 한다.		소통형 인간

〈나를 위해 실천해야 할 것들〉

　목표와 방향성이 명확할 때 실천 가능성도 훨씬 높아진다. 인생의 큰 변화를 위해서는 꿈을 향해 나아가는 노력, 상호 교섭적인 인간(소통형 인간) 그리고 주체적이고 능동적인 인간이라는 세 가지 목표를 이루기 위한 세부적인 실천 계획이 있어야 한다. 이 중 한쪽으로만 치우친 노력은 바람직하지 않다. 영양에도 균형이 필요한 것처럼 변화에도 반드시 균형이 필요하다.

달라진 모습을 확인하라
(평가 단계)

예수는 사람들에게 자신의 메시지를 전한 후 평가를 잊지 않았다. 특히 제자들을 훈련시킬 때는 더 철저한 기준을 적용시켰다. 이때의 평가는 끝맺음이 아니라 시작의 의미다. 자신의 변화된 모습을 확인하고 더 개선하기 위한 단서를 찾는 과정이기 때문이다. 그래서 예수는 제자들을 철저하게 평가했다. 권한을 부여하고, 서로를 의지하도록 두 명씩 짝을 지어줬으며 철저한 매뉴얼을 일러주었다. 이런 시스템을 통해서 보고받고 문제점을 지적한 후 메시지를 전하는 과정을 거쳤다. 이런 과정을 반복하면서 제자들은 비로소 성장했다. 그렇다면 '나'를 변화시킨 코칭의 평가 기준은 과연 무엇일까?

우선 그동안의 변화가 자신을 긍정적으로 만들었는지 평가한다.

긍정적이라 함은 방향성이 적절하며 그 변화가 나를 행복하게 만들었는지를 뜻하는 것이다. 작은 성취를 통해 만족을 느끼고 자신의 잘못된 과거와 단절해 가고 있는지 판단해 본다. 물론 과도기적인 순간에는 너무 힘이 들어 포기하고 싶은 욕망이 고개를 쳐들 수도 있다. 하지만 그 고비를 넘기면 더욱 성숙해진 자신을 발견할 수 있다.

또 자발적으로 자신을 조율하고 있는지 평가한다. 변화의 중요한 부분 중 하나는 주체적 의지이다. 변화 과정을 스스로 조율하며 실천하고 있는지 판단해야 한다. 예수가 제자를 떠난 것처럼 현재 곁에서 도움을 주는 사람이나 매개체는 언제고 사라질 수 있다. 결국 사람은 모두 혼자라는 이야기다. 코칭은 상호적이지만 그 관계가 영원히 지속될 수는 없기 때문에 개개인의 주체적 역량이 무엇보다 중요하다.

자기 자신뿐 아니라 타인이 나의 변화를 느끼고 있는지 평가한다. 생활 속의 변화가 감지되고 그 변화가 나에게 어떤 영향을 미치는지 파악해야 한다. 더 나아가 이런 변화가 타인에게도 감지되고 있는지 평가한다. 사회 속에서 긍정적인 변화는 상호 교섭적인 소통이 이루어지고 있음을 의미한다. 스스로는 긍정적인 변화를 이루었다고 믿지만 주변 사람들이 전혀 그렇게 느끼지 못하고 오히려 문제를 제기한다면 이는 변화에 성공했다고 말할 수 없다. 이때는 타인들의 반응 등의 피드백을 기꺼이 받아들여 변화에 대한 방법 등을 대폭적으로 수정할 필요가 있다. 다음의 표를 참고해 스스로의 변화를 평가해 보자.

〈변화 평가표〉

변화 항목	1주 후	2주 후	3주 후	1개월 후	2개월 후
예) 금연, 금주, 운동					
성취율 (%)					
느낌					
수변 평가					
멘토의 조언					

〈변화 평가표〉

그 다음 과거와 현재를 비교한 후 어떤 변화가 있었는지 확인하도록 한다. 그 차이점을 인지하는 것은 동기부여로 이어진다. 발전하고 있다는 사실을 확인하면 누구나 성취감을 느끼게 마련이다. 성취감은 더 분발할 수 있는 촉진제가 된다. 이때 변화가 아닌 퇴보를 일삼고 있거나 정체되어 있다고 해서 실망할 필요는 없다. 오히려 더 노력해야겠다는 자극이 되기도 하고 변화 방법을 수정할 수 있는 기회가 되기도 한다. 이때 또 실패했다는 자괴감을 갖거나 포기하고 싶은 마음이 들기도 하는데 처음 변화를 꾀하고자 했던 마음을 되새기며 머릿속에 비전을 떠올리도록 한다. 자신의 변화된 모습을 이미지화함으로써 자존감과 동기부여를 극대화하는 것이다.

나를 변화시키는 힘은 자기 자신을 인정하고 격려하는 데서 자라난다. 그러기 위해서는 지금까지 나열한 과정들을 통해서 자신의 진정한 모습을 발견하고 평가하며 스스로 의지를 다져 실천하는 방법밖에 없다. 좌절과 실패를 두려워하면 이룰 수 있는 것은 아무것도 없다. 지금 이 책을 읽는 순간 자신의 꿈을 향해 변화를 실천하고자 하는 의지가 불끈 솟는다면 이는 어느 정도의 자존감이 있다는 증거다.

반면에 '이런 걸 따라 한다고 무슨 도움이 되겠어' 하고 생각한다면 안타깝게도 당신은 발전적인 변화를 이루기 어렵다. 스스로를 믿고 인정하며 주저 없이 실천하도록 하자. 그동안 실패의 경험들이 자신을 위축시킬 수도 있지만 말만 하고 실천하지 않는 것보다 또 실패하더라도 다시 과감하게 도전하는 것의 가치가 훨씬 크다는 사실을 잊지 말자. 나를 위한 변화는 바로 거기에서부터 시작한다.

예수는 사회적으로 보잘것없는 어부 베드로와 부정한 사마리아 여인, 세리 삭개오 등을 있는 그대로 인정하고 받아들였다. 부모는 아이를 볼 때 무조건적으로 인정하고 수용한다. 공부를 잘하든 못하든, 객관적으로 예쁘든 그렇지 않든, 중요한 것은 사랑하는 아들·딸이기 때문이다. 그것은 조건이 필요 없는 무조건적 수용이다.

자기 자신도 마찬가지이다. 있는 그대로 자신의 모습을 인정하고 수용해야 한다. 평가가 다소 실망스럽더라고 그것마저도 인정해야 한다. 이때의 수용은 포기를 의미하는 것이 아니다. 변화를 위해 노력함에도 불구하고 일시적으로 좌절하는 자신의 모습까지 받아들이라는 의미다. '내가 원래 그렇지 뭐', '너무 무리였어' 등의 자기비하로 이어지면 포기하기 쉽다. 변화를 실행하는 과정이 뻥 뚫린 고속도로만 있는 것은 아니다. 때로는 좁은 길도, 가끔은 길이 막혀 유턴을 해야 하는 상황도 생긴다. 이 또한 나를 변화시키는 자연스러운 과정인 만큼 모두 인정하고 받아들이도록 한다.

"만일 누가 무엇을 안다고 자만하면
그는 아직도 마땅히 알아야 할 것을 알지 못하는 것이요."

고린도전 8:2

변화는 내가 만들 수 있다

예수의 맞춤형 코칭 스킬

변화는 단기간에 이루어지지 않는다. 또 자신의 바람처럼 완전하게 이루어지지 않을 수도 있다. 중요한 것은 변하고자 하는 마음이며, 지금 시행하고 있다는 점이다. 예수가 세상을 떠난 후 제자들은 우왕좌왕했다. 하지만 예수의 가르침을 받아들이고 이해했던 그들은 이내 마음을 다잡을 수 있었다. 박해와 핍박 속에서도 그들이 견딜 수 있었던 것은 예수가 가르쳤던 말씀에 의지해 실천하며, 스스로 변화했기 때문이다.

처음 대학에서 강의를 시작할 때 나 역시 두려움이 있었다. 완벽해야 한다는 강박관념 때문이다. 하지만 강의를 하면서 실수도 하게 되고, 학생들과의 교감을 나누자 실력이 점차 좋아졌다. 만약 강의하는 것이 두려워서 포기했다면 지금도 나는 제자리에 머물러 있었을 것이다. 16주간의 대학 강의를 1년 정도 진행하고 나자 나름의 노하우도 생겼다. 학생들을 가르치면서 내 스스로의 변화와 진화도 함께 이룬 셈이다. 완벽하지 않다고 해서 매사 주저하다 보면 아무런 발전도 일어나지 않는다. 앞서도 말했듯이 코칭은 스스로 코치(coach)이면서 코치이(coachee)가 될 때 가장 이상적이다. 주변을 변화시키는 가운데 자연스레 자신도 변화되는 것이다. 이는 코칭에서 반드시 필요한 과정이다.

종종 '말 잘하는 법'에 대해 강의를 하게 되는데, 그때마다 메시지는 동일하지만 대상에 따라 전달 방식을 달리한다. CEO들이 대상일 때와 임원들이 대상일 때, 또 초등학생들이나 신입사원들이 대상일 때의 전달 방식이 제각각 달라지는 것이다. 예를 들어, 초등학생들 앞에서 공감대 형성의 중요성을 어려운 이론들을 근거로 내세우며 설명해 봐야 아무 소용없다. 그보다는 아이들이 좋아하는 게임이나 방송 프로그램을 예로 들어 설명하는 것이 훨씬 효과적이다.

이처럼 메시지는 이를 받아들이는 대상에 맞춰 명확하게 전달하는 것이 관건이다. 예수의 메시지는 간결하고 명확했다. 구원이라는 메시지를 전달하기 위해 그는 대상에 따른 맞춤형 소통 기술을 펼쳤는데, 그 대상을 크게 세 부류로 나누면 다음과 같다.

첫 번째 대상은 자신의 메시지를 전파하고 역할을 대신해 줄 핵심 인력들로서 12명의 제자가 바로 그들이다. 다음 대상은 적대 세력이다. 예수는 그들과의 관계를 두려워하지 않았으며, 단순하고 명확한 코칭 기술로 접근했다. 마지막 대상은 일반 대중, 즉 군중들이었다. 예수는 항상 수많은 사람들의 주목을 받았고 또 그들을 이끌었다. 예수는 이들 각각의 대상에 따른 맞춤형 코칭 기술을 시도했고 그의 선택은 주효했다. 대상에 따라 어떤 코칭법을 적용했는지 자세히 알아보자.

핵심 인력을 위한 코칭 스킬

준비 단계

예수는 제자를 훈련할 때 5단계 과정을 철저히 이행했다. 제자를 선발하기에 앞서 그는 밤새 기도하기를 잊지 않았는데,(누가복음 6:12) 이것이 곧 준비 단계에 속한다. 기도하는 가운데 자신의 원칙을 바로 세우고 어떤 사람을 선발할 것인지 심사숙고하는 것이다. 누군가를 변화시키고 싶다면 그전에 어떤 방향과 원칙으로 접근할 것인지를 먼저 생각해야 한다. 스스로 준비도 되어 있지 않으면서 다른 사람을 변화시키겠다는 것은 무모한 욕심이다. 반드시 준비 단계를 거쳐야 하는데, 이는 자신을 변화시키는 단계라고도 할 수 있다.

무엇인가를 시도할 때 무작정 의욕만 앞서는 경우가 있다. 그래서 예수처럼 기도와 묵상(깊은 고민)을 통해 자신을 돌아보고 자신의 원칙을 재확인하는 과정이 반드시 필요하다. 의욕만으로 이룰 수 있는 것은 아무것도 없다.

관심 단계

다음은 관심 단계로 선발 과정에 해당한다. 예수는 무작정 독단적으로 사람들을 뽑지 않고 추천제와 관찰 방법을 활용했다. 수제자인 베드로의 동생 안드레를 먼저 알게 되었고 안드레의 추천으로 베드로를 그리고 마을에 머물면서 빌립과 나다니엘을 선발했다.

나다니엘이 "저를 어떻게 아십니까?"라고 묻자 예수는 "빌립이 부르기 전에 네가 무화과나무 아래에 있는 것을 보았다"라고 말한다. 예수는 추천을 받기 전에 이미 그들의 모습을 관찰하고 있었던 것이다. 자신의 생각을 제대로 전파할 수 있는 핵심 인력을 선발하려면 그만큼 주도면밀한 관찰이 필요하다.

수제자인 베드로를 발탁할 때의 모습을 예로 들어보자. 예수는 게네사렛 호수에서 수없이 모여든 사람들을 상대로 메시지를 전했다. 그때 호수에는 두 척의 배가 있었고 어부인 베드로는 배에서 내려 그물을 손질하고 있었다. 수많은 사람들 중 예수는 자신의 수제자가 될 인물에 주목했다. 번잡하고 소란스러운 곳에서도 관심이 가는 인물에 대한 관찰을 게을리 하지 않았다. 베드로의 모습을 지켜본 예수는 그의 배에 올라 메시지를 전한 후 "깊은 데로 가서 그물을 던져라"하고 조언한다. 밤새 그물을 던진 후 허탕을 친 그에게 대화를 시도한 것이다. 베드로와의 대화를 통해 예수는 "너는 사람을 낚는 어부가 될 것이다"(누가복음 5:10)라고 말하며 자신의 메시지를 명확하게 전한다.

추천과 관찰 과정을 거쳐 선발된 12명의 제자 외에 예수는 일반 제자 72명을 선발한다(어떤 성경에는 70명으로 나와 있다). 셀(cell) 조직처럼 자신의 메시지를 정확히 이해한 12명을 훈련시키고, 그것을 바탕으로 6배로 확장된 조직을 구성한 것이다. 72명의 의미는 더 많은 지역에 체계적으로 메시지를 전하겠다는 예수의 의지가 반영된 것이다. 이 핵심 세력은 예수가 세상을 떠난 후 더 큰 힘을 발휘하는 조직으로 발전한다.

공감 단계

세 번째는 제자들과 공동체 생활을 하는 공감의 단계다. 예수는 제자들에게 직접적으로 행동을 보이는 것만큼 더 좋은 롤 모델은 없다는 사실을 잘 알고 있었다. 제자들로 하여금 기적을 행하고 메시지를 전하는 자신의 모습을 가까이에서 보고 느끼도록 했다. 그의 모습과 행동 자체가 코칭의 표본인 것이다. 많은 무리들이 따르고 있었기 때문에 변변한 숙소와 먹을거리도 제대로 갖춰지지 않아 환경은 열악했고, 일정 역시 계획적이지 못했다. 이런 힘들고 어려운 과정을 공유하고 공감하며 제자들은 예수의 인간적인 모습과 진정성을 마음 깊이 받아들였다. 그러면서 더 끈끈한 유대와 결속력을 다졌다.

가족이 아니고서야 타인과 함께, 그것도 여럿이 모여 함께 생활한다는 것은 결코 쉬운 일이 아니다. 아주 친한 친구와 여행을 가더라도 먹는 것과 관심사 등이 달라 의견 차이를 보이게 된다. 심지어 신혼여행 내내 서로에게 실망한 채 싸우고 돌아오는 부부도 있다. 그만큼 함께 생활한다는 것은 서로의 이면을 보여주게 되어 긍정적인 면을 발견하기도 하고 실망스러운 부분에 집중하게 되기도 한다. 그 과정 속에서 점점 서로의 진짜 모습을 보게 되는 것이다. 먹고 자고 생활하는 원초적인 모습을 낱낱이 지켜보며 인간적 실체를 공유하는 것이다.

자신을 적절히 노출하는 것은 관계 맺는 데 마법과도 같은 역할을 한다. 게다가 고난의 과정을 함께하면 공감과 공유의 정도는 배가 된다. 물론 공동체 생활을 하다보면 갈등이 극대화될 수도 있다는 사실 역시 간과해서는 안 된다. 소통과 관계는 전인격적 만남을 통해 이루어질 때 비로소 완성되며, 예수의 공동체 생활, 합숙 과정이야말로 가장 이상적인 방식이라고 할 수 있다.

실행 단계

네 번째는 실행 단계로서 다음과 같은 특징을 갖는다. 예수는 우선 권한을 부여했다. 공감 단계에서 스스로 롤 모델이 된 예수는 그 다음 단계로 제자들에게 귀신을 쫓고 병을 고치는 능력을 부여했다.

코칭은 일방적으로 사람을 이끄는 리더십과는 그 의미가 다르다.

코칭은 상대의 능력을 인정하는 것에서부터 시작한다. 그 예로 초등학교에 갓 입학한 자녀에게 부모는 처음부터 끝까지 모든 것을 신경 쓴다. 그러다가 학년이 올라갈수록 스스로 알아서 하도록 분위기를 이끈다. 스스로 공부 시간과 방법을 선택하도록 권한을 부여하는 것이다. 대학에 들어가서도 부모가 모든 것을 간섭한다고 생각해 보자. 그는 평생 자립심을 갖기 어려울 것이다. 사실 이는 요즘 몇몇 대학생들에게 볼 수 있는 심각한 문제 중 하나이기도 하다. 내가 가르쳤던 학생들 중에는 부모가 직접 수강신청을 해주는 경우가 있었다. 어렸을 때부터 부모가 시키는 대로 학원에 다니고 사교육 시스템에 의해 수동적으로 교육 받았기 때문이다. 그렇게 자란 아이들은 부모가 시키는 일만 잘한다. 그들의 능력은 딱, 거기까지다.

기업의 경우를 예로 들어보자. 사장이 권한을 움켜쥔 채 모든 일을 좌지우지하고 직원에게 일절 권한을 부여하지 않는다면 어떻게 될까? 사업이 소규모로 운영될 때는 크게 문제가 부각되지 않지만 규모가 커지면 문제가 발생한다. 수많은 의사 결정에 일일이 사장이 관여할 수 없기 때문이다. 그러다 보면 직원들은 사장의 결재를 기다리다 타이밍을 놓치는 상황을 빈번하게 겪게 된다. 그래서 적절한 권한 위임은 기업 경영에서 꼭 필요하다.

이때 중요한 것은 권한 이양이 효과적으로 이루어지기 위해서는 연습이 필요하다는 점이다. 어느 날 갑자기 권한을 위임한다고 해서 한순간에 조직 운영이 원활해지는 것은 아니다. 수동적으로 주어진 역할에 충실해 왔던 직원들에게는 적응하기 어려운 일일 수도 있다. 따라서 어느 정도의 시험 기간을 가져야 한다. 또 핵심 권한은 쉽게 위임해서는 안 된다. 예수는 제자들에게 생명을 다시 살리는 권한을 부여하지 않았다. 상대가 감당할 수 있는 한도 내에서 권한을 부여해야 하기 때문이다. 준비도 되지 않은 상대에게 너무 큰 권한을 주면 분명 문제가 따르기 마련이다.

예수는 이미 제자들과 함께할 수 있는 시간이 3년밖에 없다는 사실을 알고 있었다. 마태, 마가, 누가, 요한이 예수의 탄생부터 죽음까지 과정을 기술한 것을 통해 볼 때 예수가 권한을 부여한 것은 대략 2년여의 시간이 지난 뒤부터였다. 어느 정도 훈련이 된 시점에 직접 현장 실습을 시킨 것이다. 또한 예수는 훈련시 세밀한 지침을 일러주었다. "너희는 여행을 위해서 아무것도 가지고 가지 마라. 지팡이나 가방이나 식량이나 돈이나 여분의 옷을 가지고 가지 마라. 어느 집에 가든지 그곳을 떠날 때까지 그곳에 머물러라. 만일 사람들이 너희를 영접하지 않는다면 그 마을을 떠날 때 신발에 묻은 먼지를 털어 그들에 대한 증거를 삼아라."(누가복음 9:1~5) 이처럼 극한의 상황에서 부여받은 능력을 가지고 자립적으로 문제를 해결하도록 유도했다. 개개인마다 그에 적합한 매뉴얼을 나누어준 셈이다.

따로 선발한 72명의 일반 제자들에게는 더욱 구체적인 매뉴얼을 제시하였다. "길에서 인사하느라 시간을 허비하지 말아라. 집에 들어가면 그 집의 평안을 빌어주어라. 주인이 주는 것을 먹고 마시며

이 집 저 집 옮겨 다니지 마라. 병자를 고치고 하늘나라가 가까이 왔음을 전하라."(누가복음 10:3~11)

그리고 권한을 부여한 후에는 평가하기를 잊지 않았다. 두 명씩 짝을 지워 파견한 후 보고를 받아 어떤 문제가 있는지 지적했으며, 때로는 질책하기도 했다. 그런 뒤 반드시 제자들에게 다시 한 번 자신의 메시지를 전달했다. "사도들이 돌아와 자기들이 한 모든 일을 보고하자 예수님은 그들을 데리고 따로 벳새다라는 마을로 가셨다."(누가복음 9:10) '권한 부여→실행→보고→평가' 라는 시스템을 구축한 것이다.

예수는 경쟁 시스템을 도입하기도 했다. 12명의 제자 중 베드로, 요한, 야고보만 데리고 산에 올라가 기도한 후 내려오자, 제자들 사이에서 누가 더 위대한지 논쟁이 붙었다. 예수는 어린아이의 비유를 들며 "너희 중에 가장 작은 자가 가장 위대하다"고 말했지만, 제자들 간의 논쟁은 쉽게 잦아들지 않았다. 예수는 선의의 경쟁을 유도함으로써 12명 모두에게 자극을 주어 상승효과를 내도록 한 것이다.

그런 뒤 예수는 제자들에게 휴식을 주었다. "한편 사도들이 돌아와 자기들이 행하고 가르친 모든 일을 예수께 보고했다. 그때 예수님은 그들에게 '외딴 곳으로 같이 가서 잠시 쉬도록 하자' 고 말씀하셨다. 이것은 오가는 사람이 너무 많아 식사할 겨를도 없었기 때문이다."(마가복음 6:30~31) 이처럼 예수는 임무를 마치고 돌아온 제자들에게 사람이 없는 외딴 곳에 가서 육체적 피로를 풀도록 휴식

을 주었다. 1년 365일, 무조건 일만 한다고 해서 능률이 오르거나
변화를 이룰 수 있는 것은 아니다. 적절한 휴식은 재충전의 기회가
되어 오히려 더 큰 힘을 발휘하게 한다.

평가 단계

마지막은 마무리 단계인 평가 과정이다. 예수는 3년간의 활동을 마
무리하며 최후의 만찬을 베풀었다. 마지막 메시지를 전하게 되는
데, 빵과 포도주를 나누며 그것이 자신의 몸과 피라는 사실을 강조
한다. 자신의 모든 것을 제자들에게 주었음을 선포한 것이다. 또 제
자들의 발을 씻겨주며 겸손의 메시지를 몸소 실천했다. 그리고 산
으로 이동해 제자들을 위해 기도한다. "나는 이 세상을 떠나 아버
지께로 가지만 그들은 세상에 남습니다. 거룩하신 아버지, 내게 주
신 아버지의 이름으로 그들을 지켜주시고 아버지와 내가 하나인 것
처럼 그들도 하나가 되게 하소서. 내가 그들과 함께 있는 동안 내게
주신 아버지의 이름으로 나는 그들을 안전하게 보호하고 지켰습니
다."(요한복음 17:11~12)

　기도 후 예수는 종교 지도자들에게 붙잡혀 십자가에 못 박힌다.
하지만 예수는 여기서 그치지 않고, 부활 후 다시 제자들에게 나타
나 그들이 얼마나 변화되었는지 확인하고 평가한다. 예루살렘에서
엠마오로 가는 두 제자 앞에 나타나는가 하면(누가복음 24:13), 제자
들이 모여 있는 곳에 세 번에 걸쳐 모습을 드러낸다(요한복음
20~21). 의심이 많은 도마라는 제자에게는 십자가에 못 박힌 자국

까지 만지게 함으로써 확인까지 시켜준다. 예수는 그들과 함께 식사하며 마지막 소통의 시간을 갖는다. 그리고 수제자 베드로에게 다짐을 받는다. 이 다짐은 3년간의 결실이며, 예수의 메시지가 제자들에게 어떻게 전달되었는지 확인하는 단계다. 예수는 세 번에 걸쳐 묻는다.

"식사가 끝난 후 예수님은 베드로에게 '요한의 아들 시몬아, 네가 이 사람들보다 나를 더 사랑하느냐?' 하고 물으셨다. 베드로가 '그렇습니다, 주님. 제가 주님을 사랑하는 것을 주님이 아십니다' 하고 대답하자 예수님이 '내 어린양을 먹여라' 하고 말씀하셨다. 예수님은 두 번째로 베드로에게 '요한의 아들 시몬아, 네가 나를 사랑하느냐?' 하고 물으셨다. 베드로가 '그렇습니다, 주님. 제가 주님을 사랑하는 것을 주님이 아십니다' 하고 대답하자 예수님이 '내 양을 쳐라' 하고 말씀하셨다. 예수님은 세 번째로 베드로에게 '요한의 아들 시몬아 네가 나를 사랑하느냐?' 하고 물으셨다. 베드로는 세 번이나 물으시므로 슬픈 표정을 지으면서 '주님, 주님은 모든 것을 아십니다. 제가 주님을 사랑하는 것을 주님이 아십니다' 하고 대답했다. 그러자 예수님은 베드로에게 말씀하셨다. '내 양을 먹여라.'"(요한복음 21:15~17)

이처럼 핵심 인력에 대한 코칭은 단계적으로 철저히 진행되었으며, 제자의 개별적 특징을 고려해서 맞춤형으로 변화시켰다고 볼 수 있다.

적대 세력을 위한 코칭 스킬

예수가 처음 등장했을 당시만 해도 유대인과 바리새인 등의 종교 지도자들도 예수에 대해 긍정적인 시각을 가졌을 것이다. 그들 역시 자기 민족을 구원할 메시아를 기다리고 있었기 때문이다. 하지만 사람들의 마음을 얻게 된 예수의 영향력이 점차 커지자, 그들의 이기심은 예수를 향해 등을 돌리도록 만든다.

살다 보면 항상 마음이 맞는 사람만 상대할 수 있는 것은 아니다. 사람 사는 곳이라면 어느 환경에서나 갈등은 생기게 마련이고, 때로는 갈등 관계에 있는 사람이 나를 해하거나 모함을 하기도 한다. 이는 누구도 피해갈 수 없는 삶의 숙제다. 그러니 피할 수 없다면 차라리 즐기라는 말처럼, 어떻게 하면 그들과 좋은 관계를 유지할 수 있을지, 나아가 어떻게 그들을 변화시킬 수 있을지, 그 방법을 찾아야 한다. 예수의 경우 적대 세력을 대하는 데 다음과 같은 몇 가지 원칙을 세웠다.

대화를 통한 변화 시도

첫째, 대화를 통한 변화를 시도했다. 대화는 일방적인 스피치와는 다르다. 상대의 입장을 충분히 들은 다음 내 입장을 전달하는 것이다. 하지만 우리는 이런 대화법보다는 자신의 입장을 설교하는 쪽에 더 치우쳐 있다. 앞서 살펴본 것처럼 예수의 대화법은 소크라테스의 대화법과 닮아 있는데, 상대에게 질문을 하고 대답을 들은 다음 자신의 생각을 말하는 방식이다. 상대방의 눈높이에서 이야기를 끌어가는 것이다.

예수가 성전에 들어가 사람들에게 설교할 때 제사장과 장로들이 문제를 제기했다. 당시 성전에서 설교를 하려면 지켜야 하는 일정한 규칙이 있었지만 예수는 이런 잘못된 규칙을 바로잡기 위해 새로운 시각으로 메시지를 전한 것이다. 그러자 율법학자들이 물었다. "당신은 무슨 권한으로 이런 일을 하고 있소? 누가 당신에게 이런 권한을 주었소?" 그러자 예수는 "나도 한 가지 묻겠다. 너희가 대답하면 내가 무슨 권한으로 이런 일을 하는지 말하겠다. 세례 요한의 세례가 어디에서 왔느냐? 하나님으로부터냐, 사람으로부터냐?" 하고 오히려 공격적으로 되묻는다. 예수의 질문에 사람들은 혼란스러워했다. 만일 하나님으로부터 왔다고 하면 왜 그를 믿지 않느냐는 공격을 받게 될 것이고, 사람으로부터 왔다고 하면 사람들이 예언자로 믿고·있는데 비난을 받을 게 빤하기 때문이었다.

그들은 잘 모르겠다고 대답했다. 그러자 예수는 포도원의 두 아들 이야기를 예로 들어 그들에게 메시지를 전했다. 포도원에서 일하라는 아버지의 명령이 내려지자 큰아들은 대답만 하고 가지 않았고, 작은아들은 아예 가지 않겠다고 말했다가 결국 반성하고 일을 하게 되었다는 내용이었다. 예수는 다시 그들에게 물었다. "두 아들 중 누가 순종하였느냐?" 대제사장과 장로들은 작은아들이라고 대답했고, 예수는 반성하지 않고 실천하지 않음에 대해 그들을 꾸짖었다. 그들 스스로 말보다 실천이 중요함을 깨닫도록 한 것이다.

갈등이 있는 사람과 대화할 때 직접적으로 문제를 제기하면 상대는 이를 선뜻 받아들이지 않는다. 더군다나 감정의 골이 깊은 상태라면 대화는커녕 격한 말싸움이 오가게 되어 상황을 악화시킨다. 대화는 공감대 형성을 전제로 이루어져야 한다. 예수가 비유와 질문이라는 장치를 통해 공감대를 형성한 것도 모두 그 이유에서다. 상대에게 어떤 문제가 있는지 간파하고 그 문제를 이해시킴으로써 메시지 전달을 극대화하는 것이다.

소극적 접근 방법

예수는 적극적인 접근보다는 소극적인 접근 방법을 택했다. 그는 힘들고 병든 사람들에게는 먼저 다가갔지만 적대 세력에게는 그들이 초대했을 때만 집에 들어가 식사를 하거나 머물렀다. 처음부터 예수가 적극적으로 적대 세력에게 다가갔다 하더라도 그들은 준비가 되어 있지 않아 예수의 가르침을 바로 받아들일 수 없었을 것이다.

적극적인 방법을 취한다고 해서 모든 일이 다 잘 해결되는 것은 아니다. 때로는 시간이 최고의 수단일 수도 있다. 시기와 상대방의 환경을 고려해 그에 따라 접근하는 것이 최선의 방법이다. 물론 문제가 심각하거나 자신이 직접 나서야 할 시점이라고 여겨질 때는 성전에 들어가 상인들과 종교 지도자를 비판한 것처럼 예수는 적극적인 방법을 택하기도 했다.

예수는 적대적인 사람들을 변화시킬 때도 5단계 방법을 따랐다. 모든 사역(使役)의 중심인 준비 단계를 거쳐, 바리새인, 유대인, 세리에게 질문을 던지는 관심 단계를 거쳤으며, 그들과 함께 식사하고 교류하는 공감 단계를 거쳤다. 실행 단계에서는 앞서 설명한 것처럼 대화를 통해 토론했으며, 평가 단계에서는 냉정하게 그들의 문제점을 지적했다. 실천하지 않고 말만 앞세우는 문제, 겉과 속이 다른 문제, 형식만 중요하게 생각하는 문제들을 제기하며, 바리새인들을 '회칠한 무덤(마태복음 23:27, 겉은 흰색으로 보이지만 안은 뼈가 썩는 무덤)'이라고 비난했다. 또 그들의 그 모습으로는 천국에 들어갈 수 없다는 말을 통해 충격요법까지 사용했다. 이처럼 무조건 갈등을 피하기보다는 상대를 변화시킬 수 있는 최선의 방법을 찾는 것이 예수의 코칭 비법이다.

대중을 위한 코칭 스킬

예수 주변에는 늘 사람들이 북적였고 수많은 무리의 사람들이 그를 따랐다. 그 많은 사람들을 일일이 만나 변화시키기 어려웠던 예수는 메시지를 통해 그들에게 조금이나마 변화의 씨앗이 자라도록 유도했다.

예수는 대중(MASS)을 변화시키기 위해 최대한 그들을 찾아가 만났다. 세례를 받은 뒤 예수가 가장 먼저 한 일은 자신의 메시지를 전하는 일이었다. 그는 회당에서, 언덕에서, 배 위에서, 마을에서, 집에서, 성전에서 메시지를 전했다. 기회가 될 때마다 사람들을 찾아 나섰으며 사람이 있는 자리라면 어디에서든 메시지를 실천했다.

이벤트적 요소 활용

예수는 기적을 행했다. 병든 사람을 낫게 하고 귀신을 쫓았으며, 죽은 자를 살렸다. 소경을 눈 뜨게 했고 앉은뱅이를 일으켜 세웠다. 사람들에게는 각인 효과(반복과 자극의 원칙)라는 것이 있어서, 처음에 받은 강한 인상을 오래도록 기억한다. 특히 많은 수의 군중들에게는 이벤트적인 강한 인상이 더더욱 필요하다. 5,000여 명의 성인 남성이 모인 집회에서 '오병이어의 기적'을 일으킨 예수의 능력은 엄청난 파급효과를 불러왔다. 기적과 이적을 행하는 선지자가 있다는 소식은 입에서 입으로 전해져 이스라엘 전체에 빠르게 전파되었다. 요즘처럼 미디어가 발달되어 있지 않은 시기에 입소문은 가장 효과적인 전파 수단이었다.

프레젠테이션을 할 때도 이벤트적인 요소를 적절히 활용하는 것이 좋다. 특히 많은 사람들이 모이고 미디어 노출이 가능한 행사라면 더욱 그렇다. 비호감이라거나 혐오스럽다는 말보다 더 굴욕적인 것은 존재감이 없다는 것이다. 그렇기 때문에 우리는 어떻게든 사람들을 자극시켜 자신을 알리고자 한다.

애플사의 스티브 잡스는 이 원칙을 철저히 지키는 사람으로 유명하다. 그의 프레젠테이션은 한 편의 쇼를 보는 것과 같다. 프레젠테이션의 내용도 중요하지만 사람들의 시선을 사로잡아 그 내용을 효과적으로 전달하는 것이 무엇보다 필요하다는 점을 제대로 실천하고 있는 것이다. 예수 역시 사람들이 많이 모이는 곳에서 기적을 행했는데, 이런 일은 사람들의 이목을 집중시키기에 충분했다. 사람들의 관심은 자연스럽게 예수에게로 더 나아가 예수가 전하는 메시지에 대한 관심으로 이어졌다. 기적을 하나의 도구로 사용한 것이다.

예수는 또 대중들에게 비유와 은유를 적극 사용했다. 우리가 일상적인 대화를 할 때도 "예를 들어볼까? 이를테면 사랑하고 있는 두 남녀에 비유할 수 있을 것 같은데"라고 표현하면 사람들이 순간 귀를 쫑긋 세우며 집중하는 것과 같다. 특히 많은 사람들을 상대로 메시지를 전할 때 비유만큼 효과적인 수단은 없다.

현실적 목표 수립

다음으로 예수의 코칭은 큰 기대를 하지 않았다는 특징이 있다. 제자들에게는 평가 시스템 등을 통해 많은 것을 기대하고 훈련시켰지만 일반 사람들에게는 그렇게 하지 않았다. 10명의 나병 환자를 고쳐준 후 단 한 사람만이 찾아와 감사의 인사를 했을 때도 예수는 남은 9명에 대해 문제는 제기했지만 심하게 비난하지 않았다. 이렇듯 예수가 일반 대중에게 행한 코칭은 즉각적인 효과를 염두에 두지 않았다. 현실적인 목표를 세운 것이다. 그는 감사하러 온 한 사람에게 "일어나서 가거라. 네 믿음이 너를 구원하였다"라는 메시지를 전할 뿐이었다. 씨를 뿌리고 열매가 맺기를 기다리는 마음으로 자신의 메시지를 전하는 것이다.

이처럼 예수는 맞춤형 코칭 기법을 펼쳤다. 상대의 수준에 따라 코칭 방법을 달리한 것이다. 그러기 위해서는 상대에 대한 깊은 관심과 이해가 우선되어야만 가능하다. 또 코칭 과정은 단계별로 이루어졌다. 준비에서 관심, 공유, 실행, 평가에 이르기까지 각 단계를 되도록 철저하게 실시함으로써 상대가 더 완전하게 변화되도록 유도했다. 이런 단계를 거침으로써 코치가 없더라도 스스로 자신을 관찰하고 판단하고 변화시킬 수 있는 힘을 갖도록 하는 것이다.

물론 이 단계가 절대적인 원칙은 아니었다. 상황에 따라 유연하게 유기적으로 연결되거나 생략되는 단계도 있었다. 변화의 가능성이 적은 종교 지도자들에게는 공감의 단계를 줄이고 평가 부분에 집중했다. 충격을 주어서 그들 스스로 자신의 문제점을 돌아보게 만든 것이다. 자신의 메시지를 전파할 제자들에게는 모든 단계를 충실히 밟도록 했다. 특히 공감 단계에서는 3년이라는 시간 동안 공동체 생활을 하면서 전인적인 변화를 유도했다.

평가와 피드백 과정을 통해 자신의 메시지가 제대로 전달되었는지 확인하는 것도 잊지 않았다. 일반 대중에게는 그들의 욕구에 더 집중된 코칭을 시도했다. 예수는 그들이 원하는 것, 즉 배고픔과 병, 귀신 등으로부터 그들을 구원했다. 그렇게 사람들을 충족시킨 후 비유를 통해 그들의 마음속 깊이 씨를 뿌렸다. 당장은 아니더라도 생활하는 가운데 언젠가 열매를 맺을 수 있게 될 거라고 확신했다. 대상에 따른 맞춤형 코칭과 단계별 코칭을 펼침으로써 많은 사람들을 변화시킨 것이다.

누구나 코치가 될 수 있다

"과연 내가 다른 사람을 변화시킬 수 있을까? 나는 의지도 약하고 전문적인 지식도 없는데다가, 나 자신도 변화하지 못하고 있는데……."

누구나 이런 생각을 가질 수 있다. 하지만 예수의 수제자 베드로를 생각해 보자. 예수의 체계적인 훈련을 통해 신앙고백(성경의 말씀을 그대로 받아들이고 예수에 대한 신앙을 인정하고 선언하는 것)을 하고 예수의 총애를 받았던 그는 일개 어부에 지나지 않았다. 그가 그전까지 할 수 있었던 일은 유일하게 고기 잡는 일뿐이었다. 나중에는 예수를 하나님의 아들이라고 진심으로 고백함으로써 교회의 반석이 될 것을 약속하지만 예수가 잡히던 밤, 예수를 부인한다. 이처럼 부족함이 많은 베드로였지만 누구보다 성실하고 듬직했다. 그는 예수가 죽고 세상을 떠난 후 가장 강력한 코치가 되어 예수의 메시지를 세상에 전파한다. 후에는 자신의 믿음을 위해 십자가에 거꾸로 매달려 죽는 것도 마다하지 않았다.

부족한 그가 사람들을 변화시킬 수 있었던 가장 큰 요소는 스스로를 변화시킨 노력이 있었기 때문이다. 예수의 코칭은 살아서만이 아니라 죽어서까지도 계속되었다. 베드로는 이론으로만 알고 있던 것들을 위기를 겪으면서 비로소 자신의 것으로 받아들인다. 현실에서 자신의 잘못과 나약함을 인정하게 되고 이를 바탕으로 스스로를 변화시킨다. 부활한 예수를 다시 만남으로써 그는 불안과 의구심을 떨치고 더욱 깊은 확신을 갖는다.

이처럼 코치는 완벽한 사람만이 할 수 있는 일이 아니다. 코칭을 통해 코치 역시 변화를 겪게 된다. 아이를 가르치고 훈육하는 과정 속에서 부모 또한 많은 것을 배우게 되는 것과 같은 이치다. 일방적으로 가르치기만 하는 방식으로는 진정한 코치가 될 수 없다. 코칭 과정 속에서 물의 흐름처럼 자연스럽게 서로에게 영향을 끼치게 되고 그러면서 서로의 코치가 되는 것이 바로 진정한 코칭법이다. 그렇게 유연하고 유기적인 코칭을 이루기 위해서는 코치로서 갖춰야 할 몇 가지 조건이 있다.

코치로서의 자부심 갖기

예수도 인간으로서의 면면들을 가지고 있었다. 예를 들면, 육체적 피곤함을 느낀다거나, 사람들이 부담스러워서 피했으며, 죄 없이 죽어야 하는 자신의 처지를 한탄하며 "내 마음이 너무나 괴로워 죽을 지경이다"(마태복음 26:38)라고 말했다. 예수 역시 인간으로서의 한계를 느꼈던 것이다. 하지만 그는 결국 자신의 한계를 극복하고 지금까지 사람들에게 영향을 미치고 있다.

변화의 메시지를 전해야 한다는 코치로서의 사명감이 그를 더욱 강하게 만들었을 것이다. 인간으로서의 한계를 지니고 있으며 신적인 사명을 수행해야 하는 갈등 속에서 코치로서의 자부심이 없었다면 불가능한 일이었을 것이다. 이런 자부심은 극한 상황 속에서도 성실하게 자신의 일을 할 수 있는 힘을 준다.

코치가 되려면 먼저 '내가 과연 주변 사람들을 변화시킬 수 있을까' 하는 의심부터 버려야 한다. 결과보다는 변화하려는 노력과 과정이 중요하기 때문이다. 만약에 예수가 결과만을 중요시했다면 그의 코칭은 실패로 끝났을 것이다. 그리고 그동안의 삶의 모습이 모범적이지도 성실하지도 못했다면 상대방에게 웃음거리가 될 수도 있었다. 하지만 예수는 변화의 노력을 보이고 하나하나 목표한 바를 향해 노력함으로써 사람들의 마음을 얻었다. 코칭은 하루아침에 이루어지는 일이 아니라 긴 호흡과 기다림 속에서 비로소 이루어진다. 스스로 변화하는 모습을 확인하고 타인의 변화를 유도하는 과정 속에서 자연스럽게 이루어진다.

경청하기

코칭의 또 다른 의미는 서로를 알아가는 과정이라고 할 수 있다. 서로를 알아가기 위해서는 상대의 말과 행동에 집중하고 경청해야 한다. 아나운서가 말을 잘하는 것처럼 보이는 이유 중 하나는 경청을 잘하기 때문이다. 경청을 잘하면 상대의 정보와 생각을 내 것으로 만들 수도 있고, 나아가 상대를 파악하고 이해하는 데도 뛰어난 능력이 생긴다.

방송을 진행하다 보면 종종 자기 말만 하고 상대방의 말을 귀담아듣지 않아 난처한 상황에 빠질 때가 있다. 라디오 프로그램을 진행할 때 각 분야의 전문가들을 초대하거나 일반인을 인터뷰를 해야 하는 코너가 있었다. 이미 작가들이 섭외할 때 어떤 방식으로 진행되며, 어떤 내용을 질문할지에 대한 사전 정보를 주기 마련이다. 하지만 막상 방송이 시작되면 출연자들은 진행자의 말은 듣지 않고 자신의 말만 쏟아내는 경우가 많다. 이때 자칫하면 방송사고로 이어질 수도 있기 때문에 진행자는 방송 내내 노심초사하게 된다.

이렇듯 상대방의 말을 경청하지 않고 자기 말만 할 경우 아무리 좋은 정보를 갖고 있는 사람이라고 해도 자신의 의도를 제대로 전달할 수 없다. 상대방이 어떤 반응을 하는지, 어떤 말을 하는지 수시로 체크하고 그에 맞게 반응할 때야 비로소 방송이든 커뮤니케이션이든 매끄럽게 진행된다.

그런데 종종 경청을 하고 싶어도 그러지 못하는 경우가 생기곤 한다. 이는 방해 요인 때문이다. 경청에 방해가 되는 것들로는 내용에 집중하지 않고 상대의 외형적인 것만을 신경 쓰는 비교하기, 질문한 후 자신이 말할 내용을 미리 연습하는 사전연습, 스키마

(schema)에 따른 선택적 듣기, 자신의 생각을 단정적으로 말해 버리는 단정하기, 상대를 배려하지 않고 마음대로 딴 이야기를 하는 주제 이탈 등을 들 수 있다. 이 중에서 가장 문제가 되는 것은 스키마다. 스키마는 생각의 틀(frame)로서, 긍정적으로 보면 신념이 되고, 부정적으로 보면 아집이 된다. 자신만의 틀이 견고하게 형성되어 있어서 다른 사람의 이야기를 받아들일 틈이 없는 것이다.

평소 우리의 대화 상황을 떠올려보자. 상대의 이야기가 끝나지도 않았는데 우리는 흔히 이런 반응을 보인다. "에이, 그건 아니지. 네가 잘못 생각한 거야." 혹은 "왜 그랬어? 잘하라고 했잖아. 네가 잘못 판단한 거야." 상대의 이야기를 끝까지 듣는 것이 최고의 소통 기술이라는 사실을 순간 잊는 것이다. 듣는 일이 어렵게 느껴진다면 3단계 듣기법을 활용해 보자.

1단계는 귀로 듣는 것이다. 이때 키워드는 집중이다. 대화 중에 수시로 휴대전화나 시계를 들여다보는 사람들이 있는데, 그런 행동은 절대 해서는 안 된다. 오직 상대에게 집중하도록 한다.

2단계는 몸으로 듣는 것이다. 이때 키워드는 반응이다. 미국의 유명한 방송 진행자 오프라 윈프리가 그랬던 것처럼 상대와 눈을 마주치고, 고개를 끄덕거리며, 추임새를 넣는 것이다. "아 그랬군요. 그래서 어떻게 됐나요?", "더 말씀해 보세요", "그럴 수도 있겠네요" 같은 말을 하는 것이다. 또 메모를 하는 것도 좋은 반응이다. 가장 좋은 반응은 상대의 이야기를 되새겨 말하는 것이다. 이런 행위는 상대에게 자신이 집중하고 있음을 확인시켜 주는 효과가 있다. "말씀하신 것이 이런 내용이었나요? 제가 잘 이해했는지 모르겠네요"라고 말하면 상대는 신이 나서 더 많은 이야기를 하게 된다. 특히 자녀들에게 적용해 보면 이 확인하기가 상대를 얼마나 기분 좋게 만드는지 알 수 있다.

3단계는 마음으로 듣는 것이다. 이때 키워드는 인정이다. 하지만 무조건 동의하라는 말이 아니다. 각기 다른 환경과 생각을 가지고 우리는 타인의 의견에 선뜻 동의하기가 쉽지 않기 때문에 억지로 서로를 하나로 맞추려고 하다보면 갈등이 발생할 수밖에 없다. 그렇기 때문에 마음에도 없는 동의보다는 상대방의 이야기를 있는 그대로 인정할 줄 아는 여유가 더 필요하다.

코칭에서의 경청은 상대의 이야기를 자신의 입장이 아닌 상대의 입장에서 듣는 것이며, 상대가 말하는 것 이상의 맥락을 이해하는

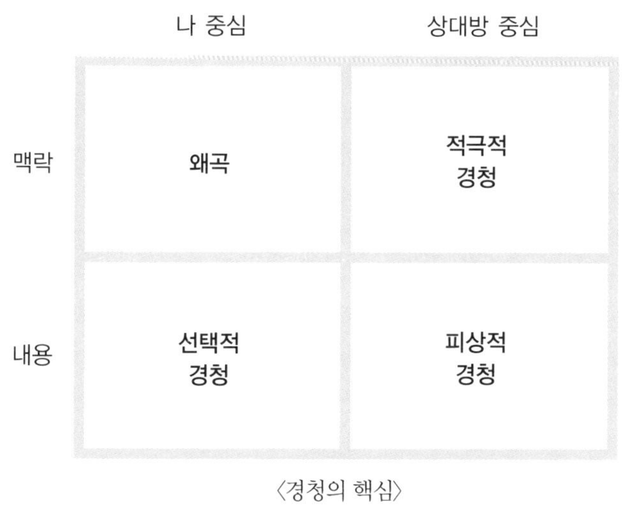

〈경청의 핵심〉

일이다. 맥락을 이해한다는 것은 당장의 대화뿐 아니라 상대의 삶에 많은 관심이 있다는 의미다. 그렇지 않으면 상대가 백 마디를 해도 집중할 수 없다. 상대를 파악할 수 있는 효과적인 방법 중 하나가 바로 경청이다. 상대가 자신의 더 많은 부분을 열 수 있도록 여건을 만들어주는 노력이 필요하다.

앞의 〈경청의 핵심〉 표에서 보는 것처럼 내 중심으로 상대 이야기의 맥락만 파악하면 왜곡이 되고, 내용에만 집중하면 필요한 것만 듣는 선택적 경청이 된다. 반대로 상대방을 중심으로 이야기를 들을 때 내용에만 집중하면 피상적인 경청이 되고 만다. 결국 상대를 중심으로 맥락을 이해하고 이야기를 듣는 것이 경청의 핵심이다. 그러기 위해서는 긴 시간 상대를 관찰하고 진심으로 이해하고자 하는 의지가 따라야 한다. 결국 경청은 확인을 통해 상대가 더 많은 이야기를 할 수 있도록 만들어주는 것이며, 공감할 수 있는 피드백을 통해 일치적인 소통을 가능하게 하는 것이다. 이때 피드백은 즉각적이고 솔직하되 상처를 주지 않는 방식이어야 한다.

관찰을 통해 상황 판단하기

앞서 인용했던 여우와 두루미의 우화에서도 살펴보았듯이, 두루미는 자신의 입장에서 여우를 추측하고 판단함으로 인해 갈등을 만들게 된다. 그래서 사적인 감정을 배제하고 상대의 행동을 있는 그대로 관찰할 줄 아는 능력이 필요하다. 이는 상대와 문제를 분리시켜 문제에만 집중하는 능력이라고도 할 수 있다. 감정이 개입되면 문제와 상대를 동일시하는 오류를 범하게 된다. 잘못된 행동을 한 아이에게 "또 그랬니? 너는 정말 구제불능이구나" 하고 말한다면 아이는 정말 발전의 기회를 잃고 만다. 무조건 아이를 나무라기보다는 왜 그럴 수밖에 없었는지, 자꾸 실수하는 이유가 무엇인지를 파악하는 것이 더 중요하다.

그런데도 우리는 문제가 발생하면 해결보다 문제를 일으킨 사람 자체를 매도하는 경우가 많다. 사람인 이상 감정적 충돌과 갈등을 무조건 피할 수는 없겠지만 코치라면 문제에서 한 발 떨어져 객관적인 시각을 유지할 수 있어야 한다. 또한 코칭 과정에는 돌발적인 변수들이 역동적으로 일어나기도 한다. 이유를 알 수 없는 상대의 비웃음과 갑작스레 불같이 솟구치는 상대의 화로 인해 적잖은 당혹감을 느낄 수도 있고, 대화 자체가 불가능할 수도 있다. 그럴 때는 적절하게 상황을 판단할 수 있어야 한다. 계속해서 이야기를 끌어가거나 관찰하는 것이 효과적일지, 아니면 시간을 두고 기다리는 것이 효과적일지 판단해야 한다.

상황 판단을 잘하기 위해서는 경청이 효과적인 방법이다. 묵묵히 상대가 쏟아내는 말들을 귀담아들으며 수긍해 주는 것이다. 이를 통해 상대의 성향을 파악할 수 있다. 문제가 생기면 즉시 대화를 통해서 해결하려는 성향을 보이는 사람이 있는가 하면, 갈등이 생기면 감정을 추스를 수 있는 시간이 필요한 사람들도 있다.

어린 시절부터 모든 문제를 대화로 푸는 습관을 가졌던 한 선배는 결혼을 하고 나서 자신의 방식이 전적으로 옳은 것이 아니라는 사실을 깨달았다. 선배의 아내는 갈등이 생기면 대화를 계속하기보다는 감정을 추스를 수 있는 시간을 갖기를 더 원했다. 이런 차이를 깨닫기 전 선배는 자신의 방식으로 대화를 시도했고, 그럴 때마다 선배의 아내는 굳게 입을 닫았다. 몇 차례 같은 상황을 겪은 후에야 문제를 바라보고 해결하려는 두 사람의 방식에 차이가 있다는 사실을 인식했다. 그 후로 선배 부부는 서로에게 맞는 대화와 해결의 시간을 갖으며 접점을 찾으려고 노력했고 점점 관계를 회복할 수 있었다.

상황에 따라서는 말보다 시간이 더 큰 힘을 발휘할 때가 있다. 쉬운 예로, 몹시 지쳐서 극도로 피곤한 상대방에게 대화를 시도하는 것은 현명한 방법이 아니다. 특히 서로를 변화시키는 과정에서 어떤 방법이 가장 효과적인지는 상황에 따라 판단을 달리 해야 한다. 이때 상대를 있는 그대로 받아들이고 인정하는 능력, 더 나아가 사람과 상황을 파악하는 직관력이 무엇보다 필요하다. 이런 직관력은 훈련을 통해서 얼마든지 기를 수 있다. 특히 경청과 사람을 관찰하는 것, 사람에 대한 이해의 폭을 넓히는 것은 직관력을 크게 높일 수 있다.

이렇게 코칭은 코치나 코치이 중 한 사람을 중심으로 진행되는 것이 아니다. 코치와 코치이는 서로가 서로에게 영향을 주는 선순환적 관계이기 때문에 자연스럽게 쌍방향으로 흘러가도록 해야 한다. 무조건 한쪽이 주도적으로 이끄는 코칭은 바람직하지 않다.

효과적 말하기를 통한 공감대 형성하기

여우와 두루미 이야기에서 두루미가 범한 또 하나의 실수는 오해가 생겼을 때 이에 대해 표현하지 않았다는 점이다. 경청하고 기다리는 것이 우선이긴 하지만 오해가 발생했을 때는 소통이 필요하고 결국 대화를 해야 한다. 그래서 스피치 능력이 중요할 수밖에 없다. 이때 말을 잘한다는 것은 배려가 밑바탕이 된 스피치를 의미한다. 말은 곧 그 사람의 인격이다. 그렇기 때문에 상대를 배려하는 청자 중심의 스피치가 몸에 배어 있지 않으면 실수를 하게 된다.

말은 자신의 의견을 피력하고(정보 전달), 타인을 설득하기 위한 일종의 도구다. 그렇기 때문에 더더욱 말을 잘하는 능력이 필요하다. 일본 여행을 계획하고 있는 친구에게 경주에 다녀온 이야기를 해봤자 관심을 기울이지 않는 것처럼 사람들은 모두 자신에게 필요한 정보만을 수용한다. 그래서 내 의견을 더 효과적으로 전달하기 위해서 청중 중심의 공감대를 형성하는 스피치 기술을 습득해야 한다. 관계를 형성할 때는 더더욱 관계 중심, 배려 중심의 스피치 기술이 필요하다.

코칭을 할 때에도 겸양적인 태도와 말투로 상대의 마음을 사로잡아야 한다. 상대를 배려하는 가운데 나의 의견을 명확하게 전달하는 것이다. 진심을 보여주는 일치적 소통(나의 생각과 느낌, 말이 일치되는 것)을 위해서는 언어적 요소와 비언어적 요소가 적절히 조화를 이루어야 한다. 또 말을 잘하기 위해서는 인터뷰 기술도 필요하다. 앞서 '예수의 맞춤형 코칭법'에서 살펴보았듯이 상대의 마음을 여는 인터뷰 기술은 소통과 코칭에서 빼놓을 수 없는 조건이다. 열린 질문으로 상대의 마음과 여건을 확인한 다음 차츰 상대의 문제에 접근해 가는 것이다.

사람을 변화시키는 코치는 대단한 사람만이 할 수 있는 일이 아니다. 학식이 높거나 전문 상담가가 아니어도 지금까지 나열한 조건들을 충실하고 성실하게 갖추면 얼마든지 가능하다. 자신의 부족함을 깨닫고 스스로 변화하려는 노력을 멈추지 않는다면 타인을 변화시키는 일도 자연스럽게 가능해진다. 이때 자신이 변화하고 있다는 자부심도 절대 잊어서는 안 된다.

코치가 가져야 할 7가지 자세

첫째, 코치는 항상 열린 마음을 가져야 한다. 선입관과 편견은 또 다른 갈등을 빚을 수 있기 때문이다. 상대가 무엇을 말하고, 주장하든 우선 받아들이는 것이 중요하다.

둘째, 상대를 인정해야 한다. 절대로 무시하는 발언이나 제스처를 취해서는 안 된다. 그렇다고 무조건 상대방의 의견에 동의하라는 것은 아니다. 다만 상대방과의 차이를 인정하는 것이 코칭의 시작임을 잊지 말아야 한다.

셋째, 단정 짓거나 자의적으로 상대방을 판단하지 말라. 자신의 기준으로 의도하거나 추측하지도 말라. 상대방의 있는 그대로, 말하는 그대로를 수용하는 것이 우선이다.

넷째, 긍정적인 표현을 하라. 긍정의 표현은 상대뿐 아니라 나 자신을 기분 좋게 하고 용기를 북돋워준다. 안 된다는 생각보다는 할 수 있다는 생각으로 접근하라. 긍정 바이러스는 불가능해 보이는 일도 가능하게 해주는 초자연적인 힘이 있다.

다섯째, 겸양적인 태도와 말투를 습득하라. 말보다는 비언어적인 요소, 즉 태도가 중요하다. 상대를 존중하고 인정하는 마음은 말과 제스처를 통해 온전히 상대방에게 전달된다. 항상 마음가짐을 조심하듯이 태도와 말투를 조심해야 한다.

여섯째, 상대방을 관찰하고, 질문하고, 경청하라. 상대에 대한 관심은 관찰로 이어지게 마련이다. 그리고 질문하라. 세밀한 관찰은 좋은 질문을 만들어낸다. 어떤 사람이든 자신에 대한 관심에서 비롯된 질문을 허투루 받아들이지 않는다. 질문에 상대방이 마음의 물꼬를 트기 시작하면 경청하라. 한 시간 동안 듣기 좋은 말을 해주는 것보다 5분 동안 상대방이 말을 경청하는 것이 더 효과적인 코칭법이 될 수 있다.

일곱째, 고민하고, 행동하라. 행동이 고민에 앞서면 오해를 부르게 된다. 말과 행동을 하기 전에는 항상 고민하는 습관을 들여야 한다. 섣부른 조언이 상대방과의 관계에 돌이킬 수 없는 갈등의 씨앗이 될 수 있음을 명심해야 한다.

상대방을 이해하는
과학적 접근 방법

환경인식에 따른 구분(DISC 방식)

'지피지기(知彼知己)면 백전백승(百戰百勝)'이라는 말처럼 관계를 잘 맺으려면 역시 상대를 잘 알아야 한다. 주변을 보더라도 관계 형성에 뛰어난 능력을 보이는 사람들은 역시 사람을 이해하는 능력이 탁월하다. 같은 보고를 하더라도 어떤 사람은 칭찬을, 어떤 사람은 지적을 받는다. 물론 내용의 차이도 있겠지만 보고 받는 사람의 유형을 잘 파악했는지, 상대에 맞게 준비했는지에 대한 차이일 수도 있다. 데이터를 중시하는 상사에게 '무조건 열심히 하겠습니다' 등의 추상적인 구호는 의미가 없다. 어떤 상황에서든 상대가 원하는 바를 정확히 꿰뚫어보고 신속하게 대처할 수 있는 능력은 특히 타인을 변화시키는 코치가 되기 위해서는 필수적인 요소다.

일반적으로 사람들은 태어나서부터 현재에 이르기까지 나름의 동기에 따라 일정한 행동 방식을 취한다. 이는 하나의 경향으로 굳어져 일을 하거나 생활하는 환경에서 자연스럽게 드러난다. 이것을 심리학에서는 '행동 패턴' 혹은 '행동 스타일'이라고 한다.

1928년 콜롬비아대학교의 심리학 교수인 윌리엄 마스턴(William Mouston Marston) 박사는 사람들의 행동 패턴을 관찰해 독자적인 행동 유형 모델을 만들어 설명했다. 그의 이론에 의하면 인간은 환경을 어떻게 인식하고 또 그 환경 속에서 자기 개인의 힘을 어떻게 인식하느냐에 따라 네 가지 형태로 행동을 한다고 한다. 그 네 가지 패

<table>
<tr><td colspan="4" align="center">신속한 결정</td></tr>
<tr>
<td rowspan="2">일
중
심</td>
<td>주도형(D)
결과 지향적이다.
신속하게 결정하다
도전을 받아들이고 적극적으로 해결한다.
지도력을 발휘한다.
포기하지 않는다.</td>
<td>사교형(I)
호의적인 인상이며 관계가 좋다.
말솜씨가 좋다.
설득을 잘한다.
그룹 활동을 선호한다.</td>
<td rowspan="2">사
람
중
심</td>
</tr>
<tr>
<td>신중형(C)
원칙과 기준을 중시한다.
분석적이다.
갈등에 우회적으로 접근한다.
비판적이다.</td>
<td>안정형(S)
충성적이며 협조적이다.
참을성 있고 성실하다.
경청을 잘한다.
쉽게 동의한다.</td>
</tr>
<tr><td colspan="4" align="center">심사숙고</td></tr>
</table>

〈환경 인식에 따른 유형별 특징〉

턴은 바로 주도형(Dominance), 사교형(Influence), 안정형(Steadiness), 신중형(Conscientiousness)이다. 각각의 성격적 특징에 대해 자세히 알아보자.

첫째, '안 되면 되게 하라'는 모토로 살아가는 '주도형(D)'은 성공적인 결과를 얻기 위해서라면 어떻게든 스스로 장애를 극복하는 저돌적인 타입이다. 자기 자신이 통제권을 가지고 일이든 사람이든 조율하기를 원한다. 이들은 대부분 일방적으로 소통하기 때문에 인간관계를 맺는 데 어려움이 있으며, 그로 인해 갈등 관계에 놓일 확률이 높다. 그뿐만 아니라 갈등 상황에서도 자기 주장만 내세우거나 상대방이 수긍하지 않을 경우 쉽게 화를 내고, 위기 상황에서 독재적으로 행동하기 일쑤다.

이런 성향의 사람들은 일방적인 소통을 고집하기 때문에 관계를 형성하거나 코치할 때는 먼저 인정해 주는 배려가 필요하다. 처음부터 단점이나 문제점을 지적하면 그들은 주도권을 잃었다고 생각해서 이내 마음을 닫아버린다. 이때 참을성을 가지고 상대방의 이야기를 경청하고 인정해 주면서 따뜻한 어조로 상대방의 문제점에 대해 설명하는 것이 효과적이며 적극적인 개입보다는 관계 형성을 통해 상대방이 스스로 자신의 문제점을 끄집어내도록 만드는 것이 코치의 역할이다. 그렇게 하면 아무리 독불장군격인 '주도형'도 서서히 마음의 문을 열게 된다.

둘째, '사교형(I)'의 경우 상대방을 설득하거나 지대한 영향을 줌으로써 환경을 변화시키는 유형이다. 사람을 좋아하는 이 유형의 특성상 관계 맺기를 즐기고 그 관계가 지속되기를 바란다. 또 이 유형의 사람들은 의사소통에도 열정적으로 참여한다. 그래서 이 사람들은 다른 유형에 비해 코칭하기 수월한 편이다. 이들에게는 지속적으로 관계를 유지하고 마음을 열어 많은 이야기를 나누는 것이 효과적이다.

셋째, 좋은 게 좋은 거라고 생각하는 '안정형(S)'은 일을 수행하기 위해 다른 사람들과 잘 협력하는 유형이다. 이들은 권한과 책임이 명확한 상황 아래서 조화롭게 일하는 것을 좋아하며, 이를 최고의 가치로 여기기 때문에 코칭을 한 후 급작스러운 변화를 유도하는 것은 바람직하지 않다. 상대방에게 스스로의 변화가 가정과 조직, 관계에서 왜 필요한지 충분히 이해시켜야 한다. 더불어 맞춤형 로드맵을 제시해서 철저하게 계획을 세워주는 것도 필요하다.

넷째, 믿을 것은 자료뿐이라고 생각하는 '신중형(C)'은 일의 정확성과 원칙을 매우 중요하게 여기는 사람이다. 논리적이고 체계적인 접근을 즐겨하는 타입이기 때문에 이 유형의 사람들을 코치할 때 정확한 사실과 근거를 활용해 설득해야 한다. 사적인 질문이나 이야기로 접근하기보다 이성적이고 차분한 내용의 대화로 먼저 상대의 마음을 사로잡고, 인정받는 것이 중요하다. 세세한 부분까지 파고들 수 있으므로 다양한 논리와 근거를 준비하도록 한다.

표현 방식에 따른 구분

사람의 유형은 여러 가지 기준에 의해 분류할 수 있다. 이번에는 표

	사물을 긍정적으로 보는 사람	사물을 부정적으로 보는 사람
모든 사람에게 표현을 잘 하는 사람	활성형 사람과 조직에 활력을 불어넣는다. 칭찬과 배려로써 관계를 유지한다. 하지만 일처리를 할 때 지나치게 낙관적이어서 놓치는 부분이 생길 수 있으며 다른 사람의 시기와 질시를 받을 수 있다.	불만형 사람과 조직에 부정적인 영향을 끼친다. 어느 정도의 비판은 서로에게 도움이 되지만 그것이 습관적이고 반복적으로 지속되면 그 부정적 기운이 모두의 힘을 앗아간다. 조직의 뒷이야기를 잘하고 항상 불만이 많다.
몇몇 소수에게만 표현을 하는 사람	오해형 진지하고 묵묵하게 자신의 일을 수행한다. 하지만 회의나 중요한 자리에서 자신의 의견을 피력하지 않으므로 인해 오해를 사거나 적절한 기회를 놓칠 수 있다. 관계 형성은 일종의 표현인데 이를 하지 못해 대인관계에 문제가 발생할 수 있다.	폭발형 분노와 부정의 힘을 안으로 쌓아둔다. 겉으로는 웃으며 일정한 관계를 유지하지만 내부의 부정적인 시각을 억누르다가 한꺼번에 폭발하는 스타일이다. 그 폭발은 대부분 공격적이며 극단적인 행동으로 나타난다.

〈표현 방식에 따른 유형별 특징〉

현하는 방식에 따른 구분으로, 긍정적으로 표현하는 사람과 부정적으로 표현하는 사람들의 각기 다른 특징에 대해 알아보자.

먼저 긍정적이며 표현을 많이 하는 사람에게는 어떤 식의 접근 방법이 좋을까? 워낙 인간관계가 좋고 말을 많이 하는 사람이기 때문에 열린 질문을 제시할 필요가 있다. "요즘 어떻게 지내세요? 별문제는 없죠?"라는 화두만 던져도 가슴속에 있는 이야기를 어렵지 않게 쏟아낸다. 이때 상대방이 너무 많은 이야기를 하면서 주제에서 벗어날 수도 있다. 이때는 구체적인 질문을 던져 이야기하던 주제로 다시 돌아올 수 있도록 유도하는 것이 좋다. 코칭을 할 때는 격려와 함께 구체적이고 다양한 피드백을 주는 것이 효과적이므로, 자신의 입장만을 말하기보다 다양한 사람들의 다양한 생각을 알려주는 것이 필요하다. 충분히 받아들일 수 있는 유형이므로 지적도 효과적인 코칭법이 될 수 있다.

둘째, 긍정적이며 표현을 하지 않는 사람에게는 구체적인 질문이 필요하다. 차분히 상대방을 관찰한 후 파악한 내용을 바탕으로 세심하게 질문을 던진다. 상대가 적극적으로 말할 수 있는 분위기를 만드는 것이 중요하다. 특히 칭찬을 통해 상대의 자존감을 키워주는 것이 좋다. 이 같은 질문 방식은 상대방으로 하여금 인정받고 있다는 느낌을 갖게 하기 때문에 관계 형성에 매우 긍정적인 효과를 낼 수 있다. 한 발 더 나아가 표현하지 않음으로 해서 어떤 오해를 불러올 수 있는지 그동안의 경험과 사례를 제시함으로써 자연스럽게 깨닫게 한다. 그런 뒤 시간이 지나면서 차츰 표현하는 데 익숙해지도록 분위기를 만들어준다. 코칭을 실천할 때는 구체적인 계획을 세워서 스스로 해결해 나갈 수 있도록 돕는다.

셋째, 부정적이며 표현을 많이 하는 사람은 매사를 자기중심적으로 생각하는 경향이 강하다. 따라서 역지사지의 마음을 가질 수 있도록 유도해야 한다. 이 유형의 사람에게 무조건 지적만 하다가는 오히려 큰 반감을 불러일으키게 할 수 있으므로, 충분히 경청한 후 여러 가지 상황을 제시함으로써 다른 사람이라면 어떤 느낌을 가질지에 대해 생각하도록 유도한다.

코칭을 할 때는 많은 조언과 피드백을 해주어서 스스로 느끼도록 해야 한다. "당신은 이것이 문제입니다" 하는 식의 직접적인 표현보다는 "이런 경우, 이렇게 하면 어땠을까요?" 또는 "당신의 그런 행동으로 다른 사람은 어땠을까요?" 등의 우회적이고 겸양적인 표현을 사용하는 것이 좋다.

넷째, 가장 위험한 유형으로 부정적이며 표현을 잘하지 않는 사람을 들 수 있다. 불만이 없는 것이 아니라 마음속에 분노를 숨기고 있기 때문이다. 이런 상대는 문제에 대해 먼저 이야기를 꺼내면 반발하기 십상이다. 이런 유형은 먼저 가벼운 신변잡기로 말문을 열게 한 다음 스스로 자신의 생각을 표현하도록 유도해야 한다.

유의할 점은 이 유형은 대화를 하는 도중에도 싸움을 걸어올 수 있기 때문에 인내를 가지고 근본적인 질문들을 해야 한다는 것이다. "요즘 어떤 일로 스트레스를 받나요?" 또는 "지난번에 보니까 몹시 피곤해 보이던데, 무슨 일이 있나요?" 하고 물어서 스스로 이야기를 하도록 유도한다. 직접적인 문제 제기로 갈등적 요인을 부각시키기보다는 우선, 갈등의 감정을 표출하도록 유도하는 것이다. 이런 사람들에게는 스스로 분노를 표현할 수 있는 대화의 장을 만들어주는 것이 무엇보다 중요하다.

자기 보호 방식에 따른 구분

미국의 가족치료의 대가인 버지니아 사티어(Virginia Satir) 박사는 모든 사람에게 빙산처럼 겉으로 드러나 보이는 부분과 바다 밑 숨겨진 부분이 있다고 말한다. 사티어 박사에 따르면 보이는 부분은 신체나 행동 등을 의미하고, 숨겨진 부분은 스트레스를 받으면 나타나는 네 가지 자기 보호 방식으로 나타난다. 하나의 예로, 만약 길을 걷다가 누군가와 부딪쳤을 때의 사람들이 보이는 반응을 한 번 살펴보자.

(1) "아이고, 죄송합니다. 제가 정신이 없어서 그만, 참 바보 같죠?"

(2) "당신 뭐야? 조심하지 못해! 정신 차려!"

(3) (눈치를 살핀 후) "죄송합니다. 문제가 있으면 제가 처리해 드리겠습니다."

(4) (다른 사람을 보며) "저 사람 뭐야!"

먼저, (1)번 반응을 보인 사람은 회유형(Placater)이라고 할 수 있다. 타인과 상황을 중시한 나머지 자신을 비하하는 스타일이다. 지나친 겸손으로 오히려 상대방을 당황하게 한다. (2)번은 비난형(Blamer)으로 자신만을 중요하게 여긴다. 다른 사람이 뭐라고 하든 말든 자기가 옳다는 것을 강조한다. (3)번은 상황을 중시하는 계산형(Computer)이다. 상황을 판단하고 그에 맞게 대처하는 사람이다. 즉 상황에 따라 처신이 다르다. 마지막 (4)번은 혼란형(Distracter)이다. 이 유형의 사람은 상황이나 상대방은 물론 자기 자신에 대해서도 고려하지 못하는 사람이다.

사티어 박사는 이 네 가지 반응 유형 모두 문제점이 있다고 말한다. 가장 이상적인 것은 일치형이다. 즉, 자신의 생각과 말, 행동이 일치하는 유형으로 문제 상황이 발생했을 경우 자신의 감정을 속이지 않고 솔직히 표현하고 평가를 받는 것이다. 그것이 설령 다른 사람의 오해를 불러올 수도 있겠지만 궁극적으로 자신을 위해서 반드시 필요하다. 마음과 생각, 행동이 일치하지 못하면 분노가 쌓이고 이는 언제든 폭발할 수 있기 때문이다. 이것은 다른 사람과의 관계를 더욱 악화시키게 된다. 따라서 일치적 소통이 필요하다. 일치형의 사람이라면 위의 상황에서 "내가 실수로 당신을 밀었군요. 죄송합니다. 괜찮으신지요?"라는 반응을 보일 것이다.

지금까지 여러 기준에 따라 사람들의 성격 패턴을 나누어보았다. 사실 한 개인의 성향을 자로 그은 것처럼 명확하게 규정한다는 것 자체가 어리석은 일인지도 모른다. 사람들에게는 다양한 유형들이 조금씩 혼재되어 있고, 그 중 어떤 부분이 좀더 특별하게 도드라지느냐에 따라 성격 혹은 성향이라는 것이 드러날 뿐이다. 중요한 것은 자신의 표현 스타일을 스스로 파악해서 적절히 조절할 줄 아는 능력을 키우는 것이다. 또 산의 정상에 오를 때도 여러 코스가 있듯이 코칭 상대의 유형을 다각도로 파악해 상대방의 입장에서 고민하고 생각하도록 하는 것이 중요하다.

코칭을 위해서는 행동 유형을 결정짓는 중요한 요소인 동기를 이해하는 것 또한 중요하다. 우리가 왜 그렇게 행동하는지를 안다는 것은 사람을 이해하는 필수조건이기 때문이다. 매슬로는 욕구체계(생리적 욕구 – 안전의 욕구 – 소속의 욕구 – 존경의 욕구 – 자아실현 욕구)에서 하위 욕구가 충족되지 않으면 상위의 욕구와 동기가 작동하지 않는다고 보았다. 하지만 허즈버그(F. Herzberg)의 욕구 충족 이원론이나 알더퍼(C. P. Alderfer)의 ERG 이론 등의 연구 결과를 보면 다양한 욕구와 동기가 복잡하게 얽혀 있다는 사실을 알 수 있다. 허즈버그는 동기에는 고통을 피하고자 하는 것과 심리적 성장을 추구하는 것이 있으며 이것이 상호작용한다고 보았다. 또 알더퍼는 존재(Existence), 관계(Relation), 성장(Growth)의 동기가 상호작용을 하며 사람들의 행동을 유발한다고 했다. 동기에 대한 연구 결과를 종합해 보면 사람들은 보통 세 가지 동기로 인해 움직인다는 것을 알 수

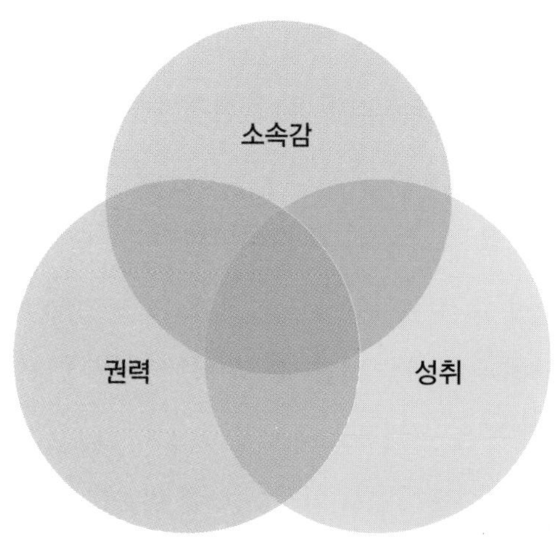

있다. 이 동기들은 서로 영향을 미친다.

첫 번째 동기는 소속감이다. 상위 몇 퍼센트 안에 들기 위해 우리는 어린 시절부터 공부에 목숨을 건다. 대학을 마친 뒤에는 좋은 직장에 들어가기 위해 고군분투하고, 더 나이 들어서는 소위 잘나가는 동네에서 살기 위해 안간힘을 쓴다. 그뿐만 아니라 각종 동호회와 커뮤니티에 소속됨으로써 자신의 존재를 확인받고 싶어 하는데 이런 소속감, 관계, 친교라는 동기가 우리를 '행동'하게 만든다는 것이다.

두 번째 동기는 성취와 애정이다. 다시 말해서 목표를 실현하고 이를 통해 인정받고자 하는 욕구다. 매슬로의 자아실현 욕구가 바로 여기에 해당된다. 어떤 일을 완수함으로써 이를 통해 자신의 위치가 상승될 것이라는 기대감을 갖게 되는데, 이것이 바로 동기다. 어린 시절 블록을 쌓으며 느끼던 만족감이나 직장에서 프로젝트를 완수했을 때의 만족감이 여기에 해당된다고 볼 수 있다.

세 번째 동기는 권력이다. 학창 시절부터 반장 선거에 열을 올리고, 집안에서도 주도권을 잡기 위해 신경전을 벌이며, 직장과 사회에서는 좀더 높은 자리에 오르기 위해 발버둥친다. 이런 치열한 경쟁은 더 강한 힘을 갖기 위한 행동의 일환이다.

이런 세 가지 동기가 복합적으로 작용함으로써 우리를 '행동'하게 만든다. 타인과 관계를 맺을 때도 이런 동기를 먼저 이해하면 더 쉽게 상대의 행동을 이해하고 유도할 수 있다. 코칭은 상대를 알아가고 이해하고 받아들이면서 자신도 함께 변화하는 과정이다. 상대가 어떤 유형의 사람이며 어떤 동기가 가장 강력하게 작동하는지를 먼저 파악하면 코칭을 한결 수월하게 진행할 수 있다.

사람을 알아가는 것은 단박에 이루어지지 않는다. 상대방에 대한 관심과 애정을 갖고 긴 호흡으로 다가갈 때 더 잘 알 수 있다. 결국 좋은 관계는 가까이 다가가려는 서로의 노력을 통해서만 가능하다. 그리고 그런 과정 속에서 나 자신도 진정한 변화를 할 수 있다.

“유순한 대답은 분노를 쉬게 하여도, 과격한 말은 노를 격동하느니라.
지혜 있는 자의 혀는 지식을 선히 베풀고
미련한 자의 입은 미련한 것을 쏟느니라.”

잠언 15:1~2

변화의 최종 목적지는 인생이다

가정을 변화시키는 실전 5단계

지금까지 나와 주변 사람들을 변화로 이끌 수 있는 코칭법에 대해 알아보았다. 이제는 그 스킬들을 활용해 실생활에 직접 적용해 보자.

인도 경전 중에 사람이 만나 서로 대화를 하려면 '실크보다 부드러운 천으로 태산을 쓸어 없앨 만큼의 시간을 거쳐야 한다'는 말이 있다. 인연의 깊이와 소중함을 일컫는 의미다. 우리는 과연 소중한 인연으로 만난 주변 사람들과 얼마나 잘 지내고 있을까? 갈등과 다툼을 반복하며 소중한 인연을 헛되게 하고 있지는 않은지 돌아봐야 한다. 우선 가장 가까이에서 늘 부딪치며 함께 생활하는 가족에 대해 생각해 보자.

"당신은 가족의 모습에 만족하나요?", "당신은 가족 모두를 신뢰하나요?", "당신은 집에 있으면 편안한가요?" 등의 갑작스러운 물음에 긍정적으로 대답하지 못한다면 가족 관계에 문제가 있지 않은지 한 번쯤 의심해 봐야 한다.

가족 구성원 모두 분주한 아침 시간을 떠올려보자. 시간에 쫓기지만 그 와중에도 서로를 배려하고 격려하는 모습인지, 아니면 피곤에 지치고 뚱한 표정으로 괜한 일에도 짜증을 내고 있는지. 물론 티끌만큼도 문제가 없다고 자신할 수 있는 가정은 없다. 하지만 이런 물음조차 갖지 않은 채 시간만 보내면 자칫 문제가 고착화될 수 있다.

가족치료 전문가인 버지니아 사티어 박사에 의하면, 문제가 있는 가정은 여러 가지 공통점이 있다고 한다. 첫째는 가족 구성원 모두 자존감이 없다는 점이다. 특히 부모의 자존감은 아이들에게 직접적인 영향을 미친다. 부모는 아이의 거울이기 때문에 자녀에게 적극적으로 사랑을 표현하고 늘 관심을 기울이는 부모 밑에서 자란 아이들은 항상 사랑받고 있다는 생각에 자존감이 충만해진다. 반면 수시로 호통을 치며 늘 핀잔만 주는 부모 밑에서 자란 아이들은 사랑받지 못하고 있다고 느껴 자존감이 거의 형성되지 않는다고 한다. 결국 자녀를 칭찬하고 배려하는 부모의 태도가 가족 구성원 전체의 자존감과 직결된다고 할 수 있다.

두 번째 공통점은 의사소통 문제다. 문제가 있는 가정에서는 가족 구성원들이 일상적으로 대화를 하지만 그 내용이 겉돈다. 서로의 마음이 전달되지 않기 때문에 매번 대화할 때마다 각자 다른 방식으로 내용을 이해한다. 그러다가 갈등이 지속되면 아예 대화 자체를 멈춘다. 사춘기 자녀가 굳게 문을 닫아걸고 자기 방에만 틀어박혀 있는 등 가족끼리 함께하는 시간이 줄어들었다는 것은 곧 소통의 단절을 의미한다.

세 번째 공통점은 규칙이 엄격하다는 점이다. 가부장적이고 근엄한 분위기의 가정은 가족 구성원들끼리 서로가 서로에게 굴레를 씌운다. '텔레비전을 보지 마라, 늦게 다니지 마라, 방 어지르지 마라, 용돈 많이 쓰지 마라' 하는 식의 강압적이고 자잘한 규칙들은 실질적으로 가정을 더 산만하고 혼란스럽게 만들 확률이 높다. 그러면서 규칙을 지키지 않는다고 끊임없이 서로를 비난한다. 이런 가정 내 문제들을 극복하기 위해서 예수의 코칭 기법을 어떻게 활용하고 적용해야 하는지 알아보도록 하자.

가까우면서도 먼 가족 관찰하기

'상식'은 '사람들이 보통 알고 있거나 알아야 하는 지식'으로 우리는 흔히 소통이 잘되고 사리분별에 맞는 행동이 통용되는 사회를 '상식이 통하는 사회'라고 말한다. 하지만 현실은 이와 많이 다르다. 동일한 사건임에도 불구하고 누가, 어떤 관점으로 보느냐에 따라 의미가 달라지기 때문이다. 이런 현상은 가정 내로 들어오면 더욱 복잡해진다. 두 남녀가 만나 연애를 할 때는 서로의 모든 것을 다 이해하고 받아들일 수 있다고 굳게 믿는다. 그러다가 결혼이라는 관문을 통과한 뒤 가족이 되어 함께 생활하다 보면 그 믿음은 여지없이 흔들린다.

우리의 믿음을 흔들기 시작하는 요인들은 지극히 소소하다. 예를 들어, 치약을 어디서부터 짜서 쓰느냐 하는 것에서부터 변기 커버를 올려놓느냐 내려놓느냐 하는 문제 등 일상생활 속에서 서로 다른 습관으로 인해 발생하는 문제들이 대부분이다.

사랑이라는 묘약으로 수시로 부딪치는 일상의 문제들을 모두 감싸기에는 한계가 있다. 사랑의 약효는 점차 효력을 잃어 서로의 차이를 더 쉽게, 자주 발견하게 만들고 그것을 문제 삼게 한다. 남자와 여자라는 생태적인 차이부터, 자라온 환경의 차이를 이해하고 인정하지 못한 데서 비롯되는 문제들이다. 이때 바로 서로의 상식을 적절한 선에 맞추려는 노력이 필요하고 그렇게 하기 위해서는 구체적으로 어떤 차이가 있는지 관찰을 통해 알아야 한다. 결혼이라는 것은 서로 다른 환경과 가치관을 가지고 있는 두 사람의 만남으로, 서로 다름을 전제로 한다.

문제를 해결하지 않고 결혼 생활을 오래한 부부의 경우는 문제를 극복하기가 쉽지 않다. 이미 오랜 시간 각자의 틀을 만들고 그 속에 숨어 서로를 소외시킨 가족들에게 갑자기 적극적으로 대화를 시도하는 일은 오히려 역효과를 불러온다.

줄곧 잦은 음주로 한밤중이 되어서야 집에 들어오고, 주말이 되어도 가족들과 함께하기보다는 혼자서 낚시를 가버리는 등 독단적으로 생활하던 사람이 있다. 그러던 그가 어느 날 갑자기 변화를 운운하며 대화를 하자고 한다면 가족들은 코웃음을 칠 것이다.

이때 할 수 있는 가장 좋은 방법은 그동안 쌓아온 가족 간의 불신과 서로의 차이점을 인정하는 것이다. '현실 직시의 단계'로 예수가 관심을 갖고 사람들을 관찰했던 것처럼 가족이 왜 힘들어하는지, 최근의 관심은 무엇인지, 어떤 일을 할 때 가장 즐거워하는지 등 관찰을 통해 화젯거리를 먼저 찾는 것이다. 관찰을 하면 가족과 대화를 할 시점을 알 수 있게 되고 더 매끄럽고 자연스럽게 시작할 수 있다. 이런 과정 없이 강압적으로 대화를 시도하면 가족들의 도움을 받을 수 없게 되고 금세 포기하게 된다.

결국 가정의 변화는 가족 구성원 개개인에게 관심을 기울이는 자기 자신의 변화가 전제되어야 한다. 스스로 변화하지 않으면서 어떻게 가족의 변화를 강요하겠는가. 다음의 질문에 당당하게 대답할 수 있다면 제대로 준비 단계를 거친 것이다.

-아내의 요즘 가장 큰 고민은 무엇인가?
-자녀가 요즘 가장 좋아하는 가수는 누구인가?
-가족 구성원이 행복을 느낄 때는 언제인가?
-가족 구성원이 당신에게 바라는 것은 무엇인가?

가족 구성원의 눈높이에 맞춰라

앞서 여러 차례 언급했듯이 코칭은 꾸준하게 이루어져야 한다. 그렇지 않고 며칠 시도하다가 포기할 거라면 아예 시작하지 않는 게 좋다. 코칭 기술의 최고는 진정성이고, 그 진정성은 성실함에서 비롯되기 때문이다. 꾸준히 관심을 표현하며 다가갈 때 상대의 마음도 움직인다. 예를 들어, 당신이 가족들에게 일주일에 세 번 이상 함께 식사를 하겠다는 약속을 했다고 하자. 만약 그 약속을 성실하게 지켜냈다면 가족들은 당신의 모습에서 신뢰감을 느낄 수 있을 것이다. 하지만 이러저러한 핑계를 늘어놓으며 약속을 지키지 못한다면 가족들은 당신에게 신뢰감을 갖지 못할 확률이 높다. 나를 변화시키는 과정에서도 살펴보았듯이 스스로 절실하게 느낀다면 행동하지 않을 수 없다. 가족의 변화를 원한다면 우선 모범을 보여라.

또 대부분 사람들이 가족이라는 이유로 서로에 대해 잘 알고 있다고 착각한다. 하지만 의외로 서로의 친구나 직장 동료보다 잘 모르는 경우가 더 많다. 현실이 이러하니 가족의 고민과 생각을 알고 이해하기 위해 노력하는 경우는 더욱 드물다. 이는 그동안의 소통 방식에 문제가 있었다는 반증이기도 하다. 가정 내에서의 대화가 직장이나 학교에서와 다를 게 없나번 문제가 있는 것이다. 공감대나 배려를 무시한 채 각자의 용건만 말하고, 상대 역시 보고(Report) 차원의 대답으로 일관하기 때문에 관계의 친밀성이 떨어지는 것이다. "너 이번에 몇 점 나왔어?", "애들은 자?", "공부는 했어?", "집에 별일 없지?" 등의 일방적인 질문은 대화가 아니다. 대화는 단순한 정보 교환이 아니라 서로의 공감대 안에서 이루어지는 교류다.

관찰 과정을 충분히 거쳤다면 이번에는 듣는 것에 집중할 차례다. 중간에 끼어들거나 반발, 토를 달지 않고 차분히 상대의 이야기를 들어주는 일은 생각처럼 쉽지 않다. 우리는 듣는 것보다 자신의 말을 하는 데 더 익숙하기 때문이다. 때로는 묵묵히 참고 끝까지 상대의 이야기를 들어주는 것이 최고의 소통 기술이 되기도 한다.

이처럼 관찰한 내용을 바탕으로 가족에게 관심을 보이며 상대의 입장과 맥락에서 이야기를 들어준다. 충분히 관찰했다면 전과 달리 훨씬 자연스럽게 대화를 시도할 수 있다. "너 요즘 자전거에 관심이 많은 거 같더라. 어떤 스타일이 좋아?", "지난번 친구 모임은 즐거웠나봐. 당신 얼굴이 참 밝던데. 재밌는 일이 있었어?" 이런 식으로 말문을 열면 상대는 주저 없이 자신의 이야기를 꺼내놓는다. 이때 상대방이 아무런 반응을 보이지 않을 수도 있다. 그렇다고 금세 포기하면 안 된다. 당신에 대한 신뢰가 아직 회복되지 않았다는 뜻이니 조금 더 참고 기다려라.

자녀와 이야기를 나눌 때는 그들만의 언어를 사용하는 것도 좋다. 자녀의 또래 문화를 이해하고 있다는 것은 큰 힘이 된다. 나 역시 초등학생인 딸아이와의 대화를 위해 '닌텐도'를 배운 적이 있다. 같이 게임을 하다보면 자연스럽게 친구나 학업 이야기로 연결되고 훨씬 풍부한 대화를 나눌 수 있다. 게임을 통해 딸과 나 사이에 공감대가 형성됨으로써 소통이 원활해지는 것이다.

가족 간에 상식을 맞추기 위해서는 경청을 통해 상대의 생각과 원하는 바를 파악하고 자신의 일정 부분을 포기할 줄 아는 노력이 필요하다. 처음에는 손해를 본다는 느낌을 가질 수도 있다. 하지만 자신의 작은 손해가 곧 가족의 행복으로 이어진다고 생각해 보라. '내 시간' 정도는 쉽게 포기할 수 있을 것이다.

결혼 생활을 시작한 뒤 힘들었던 일 중 하나가 음식물 쓰레기를 버리는 것이었다. 요즘은 음식물 압축기나 분쇄기가 나와서 좀 덜하지만 예전에는 매일 냄새나는 오물을 들고 나가 수거함에 버리는 일이 견디기 힘들었다. 아내는 다른 남자들도 다 하는 걸 가지고 유난을 떤다며 나를 이해하지 못했고, 나는 그런 아내를 이해하지 못했다. 음식물 쓰레기를 버리는 일은 점점 부부의 기싸움으로 확대되었다. 그러던 어느 날 쓰레기를 버리는 일로 화까지 내고 있는 내 자신을 발견하자 참 어리석다는 생각이 들었다. 어차피 해야 할 일이라면 자발적이고 즐거운 마음으로 하는 게 여러모로 낫지 않을까 싶었다. 그런 생각으로 쓰레기를 버리다보니 전처럼 고역스럽지만은 않았고, 아내 또한 나에게 고마움을 느끼는 듯했다. 무조건 하기 싫다는 고집스러운 생각을 버리자 부부 관계까지 부드러워진 것이다.

대부분이 그렇지만 특히 가족 간의 다툼은 지극히 사소한 일에서 비롯된다. 권위나 고집을 내세워 서로 한 치의 양보도 하지 않는다. 신혼 초에는 기선을 제압하려는 부부 간의 신경전이 하늘을 찌를 정도다. 그러다 어느 날 문득 그 모든 게 얼마나 부질없는 시간 낭비며 에너지 소비인지 깨닫게 된다. 양보하는 마음 하나만으로도 가정은 편안해진다.

주방일은 여자가 하는 게 상식이라고 생각하는 남편과, 요즘 세상에 남녀 일 구분이 어디 있냐는 상식을 가지고 있는 아내가 있다고 가정해 보자. 둘 사이에는 끊임없이 갈등이 생겨날 것이다. 꼬리에 꼬리를 무는 갈등의 고리를 이제 그만 끊어버리고 싶다면 방법은 간단하다. 내가 먼저 양보하고 포기하면 된다. 가족 간에 손해 볼 일은 없으니 먼저 양보한다고 해서 억울할 건 없다. 부인과 함께 쇼핑하기, 주말에 아이와 놀아주기, 처가(혹은 시집)에 가기 등 여러 가지 형태의 일들이 있을 것이다. 먼저 양보하고 실천해 보길 바란다. 오히려 내가 먼저 하나를 포기하면 가족은 주저 없이 두 개를 양보할 것이다. 그게 바로 가족이며, 서로의 상식을 맞추는 일이다.

상식을 맞추기 위해서는 의사소통 방식을 점검하고 조정하는 과정이 필요하다. 이때 가족의 동의가 필요한데, 가족이 함께하는 역할극은 서로의 소통 방식을 확인하는 좋은 기회가 될 수 있다. 앞서 사티어 박사가 말한 네 가지 유형별로 서로 역할을 정한 후 각자의 방식으로 대화를 시도해 보자. 한 번 시도로 그치지 말고 서로 역할을 바꾸어가며 대화를 반복해 보자. 이 과정을 통해서 서로의 소통 방식이 얼마나 다른지 알 수 있고, 그런 인식하에 서로의 입장을 좀 더 이해할 수 있게 될 것이다.

주제는 어떤 것이든 가능하다. '어디에서 외식을 할 것인가, 청소 분담은 어떻게 할 것인가, 휴가 계획은 어떻게 세울 것인가' 등의 생활 속 주제를 찾아 시도해 보자.

엄마(비난형) : 회사 콘도 신청 안 했죠? 당신은 도대체 제대로 하는 게
뭐예요?

아빠(회유형) : 어, 어, 요즘 정신이 없어서……. 지금 연락해 볼게.

딸(계산형) : (가족 여행이 싫은 속마음을 숨긴 채) 아빠 너무 무리하지
는 마세요.

아들(혼란형) : 저는 휴가 안 가요.

위의 예처럼 각자의 유형에 따라 대화를 나눈 뒤 차이를 발견하
고 느끼는 것이 중요하다. 위의 대화 내용은 마음과 행동이 일치하
지 않는 모습의 예다. 자신의 거짓 모습을 확인하고 진심을 표현하
는 연습을 통해 일치적 소통이 되도록 한다.

함께하는 시간은 서로를 이해하게 만든다

가족은 늘 함께한다고 생각하지만 정작 같이 교류하고 교감하는 시
간은 적다. 보통 가족이 모두 모여 있는 시간에도 아버지는 거실에
서 신문을 읽고, 어머니는 드라마를 보고 있다. 자식들은 각자 방에
서 나오지 않는다. 심지어 함께 둘러앉아 밥을 먹을 때조차도 시선
은 텔레비전을 향해 있다. 미국에서는 체계적인 말하기 훈련 방법
에 관한 논문을 찾아보기 어렵다. 그 이유는 어린 시절부터 가정과
학교 등에서 소통의 방법을 체득하기 때문에 그런 훈련 방법을 개
발할 필요성이 없기 때문이다. 우선 아이들은 거실에 모여 부모와
이야기를 나누거나 부모끼리 서로 대화하는 모습을 보면서 사회성

을 기른다. 교육 수준이 높은 미국 가정은 보통 시간당 2,000가지 정도의 어휘를 사용해 대화한다. 또 미국의 교과과정은 대부분 '보여주고 말하기(Show&Tell)' 원칙에 따라 수업이 진행되기 때문에 기본적으로 자신의 의사를 표현하고, 다른 사람의 말을 귀담아듣는 훈련을 하게 된다. 수학 문제의 답을 찾는 일을 중요하게 여기는 우리나라와 달리 문제를 풀어가는 과정 설명을 훨씬 중요하게 여기는 것이다. 우리의 거실 문화도 외국의 경우처럼 가족 소통의 장으로 바뀌어야 한다. 그러기 위해서는 가족 간의 잦은 접촉과 실질적인 교류가 이루어져야 한다.

가족과의 소통을 어려워하는 사람들도 쉽게 시도할 수 있는 몇 가지 방법이 있다. 우선 가족과 함께 여행 계획을 세운다. 늘 생활하던 곳을 벗어나 새로운 공간으로 여행을 떠나면 서로에게 조금 더 집중할 수 있다. 또는 가족들이 함께 해보지 않았던 것들의 목록을 만들어 주말마다 하나씩 해보는 것도 좋다. 예를 들어, 아버지가 좋아하는 낚시와 어머니가 원하는 미술관 관람, 아이들이 희망하는 놀이동산 가기 등을 실천함으로써 서로의 취향과 관심 분야에 대해 알게 되고, 이는 곧 대화의 단초가 된다. 각자가 좋아하는 것들을 함께 경험함으로써 가족 간의 공감대가 깊고 넓게 형성되며, 자신을 비우고 가족을 우선시하는 이런 마음이 공감의 다리가 되어주는 것이다.

또 최소 일주일에 한 번은 온 가족이 함께 모여 식사하는 시간을 정해 대화의 시간을 갖는다. 이때도 집을 벗어나 외식을 하거나 색

212

다른 곳에서 식사를 하는 것이 효과적이다. 가족이 만들어내는 힘은 나를 움직이는 원동력이며, 세상을 살아가는 데 없어서는 안 될 버팀목이다. 갈등으로 인해 가족 구성원들이 서로 불안감을 안고 있다면 가정은 평안할 수 없으며, 이런 상황에서 밖의 일이 잘될 리 없다. 아무리 힘든 상황이더라도 가족에게 늘 관심을 기울이고 진심으로 서로의 이야기를 들어주며 정성을 다해 배려한다면 가정은 쉽게 무너지지 않는다.

다음에 나오는 〈우리 가족 알아보기〉 표를 활용해 가족 구성원에 대해 더 깊이 있게 알아보는 시간을 갖도록 하자. 여기서 한 발 더 나아가 가족의 목표를 정해보는 것도 좋다. 발전하는 회사는 목표가 명확하고 그 목표에 대한 가치를 직원들과 공유하는 기업이다. 가정도 마찬가지다. 명확한 목표를 세우고 그 목표에 대한 가치를 서로 공유해야 한다. 그렇지 않으면 나침반이 없는 배처럼 표류할 수 있다. 공통의 목표가 있다는 것은 구성원 간의 공감대를 만들고 각자의 일을 잘할 수 있도록 만들어준다.

먼저 내 가족의 가장 시급한 목표가 무엇인지 정해보자. 이때 '행복한 가정 만들기' 같은 추상적이거나 거창한 목표보다는 '1년 뒤 가족 여행 떠나기', '거실을 서재로 꾸미기', '가족 모두 한 가지씩 악기 연주 배우기' 등의 구체적이고 실현 가능한 목표를 정하는 것이 훨씬 효과적이다. 그러고 나면 자연스럽게 각자 해야 할 일이 그려진다.

아버지는 더 열심히 일하게 되고 어머니는 더 절약하며 아이들은

	남편 (아빠)	부인 (엄마)	자녀 1	자녀 2
장점				
단점				
미울 때				
좋을 때				
바라는 점				
기타				

〈우리 가족 알아보기〉

낭비를 줄이고 공부에 충실하게 된다. 서로를 격려하고 협조하는 가운데 목표했던 꿈이 현실로 나타나는 것이다. 이런 과정을 겪으면서 가족 간의 공감대가 형성되고 그에 따라 대화 내용도 다양해지며 소통이 원활해진다. 가족 간의 소통을 무시한 채 한 사람이 일방적으로 정한 목표는 구호에 불과하다. 소통을 통해 이룬 공동의 목표만이 진정한 가치를 갖는다.

가족의 역할을 조정하라

어느 일요일 오후, 오랜만에 아내를 돕고 싶은 마음이 생긴 남편은 아내가 집을 비운 사이 열심히 청소를 했다. 집에 돌아와 기뻐할 아내를 생각하며 청소기도 돌리고, 가구의 먼지도 털어내고, 걸레로 바닥도 닦았다. 몇 시간에 걸친 청소를 끝내자 마침 나갔던 아내가 돌아왔다. 그런데 남편의 기대와 달리 아내의 표정은 시큰둥했다. 남편이 해놓은 청소가 마음에 들지 않았던 것이다. 아내는 "꼭 저렇게 두 번 일을 하게 만든다"며 남편에게 불평을 쏟아냈다. 나름대로 아내의 일을 조금이라도 돕겠다고 한 일인데 아내가 퉁명스럽게 반응하자 남편은 몹시 자존심이 상하고 짜증이 났다. 결국 부부는 다른 불만까지 늘어놓으며 크게 말다툼을 하고 말았다. 상황이 이쯤 되면 부부는 서로를 돕겠다는 마음 자체를 아예 접게 된다.

　극단적인 예이기는 하지만 이와 유사한 일들은 실제 우리 가정에서 빈번하게 일어난다. 사람은 누구나 각기 잘하는 일이 있다. 그렇기 때문에 그에 관해서만큼은 주도권을 인정해 주어야 한다. 위에 제시한 사례의 경우, 남편은 부인을 위해 청소를 했지만 부인 입장에서는 전혀 도움이 되지 않는다. 부인은 남편보다 집안일을 훨씬 잘하기 때문에 주도권 또한 부인에게 있다. 그렇다면 부인은 남편에게 더 구체적으로 일하는 방법을 알려주어야 하고 남편은 그에 따라야 한다. 마찬가지로 남편이 재테크에 관한 많은 정보를 가지고 있다면 그 분야의 주도권은 남편에게 위임해서 남편의 생각을 중심으로 추진하는 것이 효과적이다. 집집마다 차이는 있겠지만 이처럼 가족 구성원 간에 훨씬 효과적이고 효율적으로 역할을 분담할 수 있는 사안들은 많다.

역할 분담을 통한 구조조정이 그렇다고 매사에 나의 일과 너의 일을 구분지어 모른 척하라는 의미가 아니다. 다같이 일하되 주도권을 인정하고 그의 지시에 따르라는 것이다.

주도권에 관해서는 가족 간의 깊은 대화를 통해 항상 정리해 두는 것이 좋다. 그렇지 않으면 큰 일에서부터 작은 일까지 문제가 발생할 때마다 우왕좌왕하며 서로를 탓하거나 실망하게 된다. 하루 종일 밖에 나가 열심히 일을 하고도 집에 돌아와 가족들 눈치를 보는 남편, 가족들을 위해 희생하지만 누구도 알아주지 않아 늘 서운한 아내, 자신의 마음을 조금도 이해해 주지 않는 부모가 원망스러운 자녀들, 가족들은 제각각 서로에게 실망을 안은 채 살아가게 된다. 이런 상황을 만들지 않기 위해서라도 서로의 역할을 인정하고 주도권을 가진 사람을 믿고 따르며 협조해야 한다. 특히 공유의 단계에서 목표를 기간별(1개월, 1년, 3년 등)로 명확하게 설정하면 실천이 훨씬 수월해진다.

예수가 제자의 발을 씻어주는 등 섬김의 자세를 몸소 실천하며 제자들에게 적절하게 권한을 위임한 것처럼, 가족 간에 서로의 역할을 바꾸어보는 것도 좋은 방법이다. 서로가 각자 얼마나 힘들게 생활하고 있는지 조금이나마 알 수 있는 계기가 될 것이다. 남편과 아내의 역할을 바꾸고, 자녀와 부모의 역할을 바꾸어봄으로써 서로를 더 많이 이해할 수 있을 것이다. '측은지심(惻隱之心)'이라는 말처럼 가족 간에 서로를 불쌍히 여기는 마음을 갖는다면 갈등은 일어나지 않는다.

어느 정도 가족 간에 소통이 이루어졌다면 그동안 말하지 못했던 민감한 문제들을 꺼내놓아야 한다. 예를 들면, 시부모와의 갈등이라든가 부부간에 쌓인 불만 등 그동안 말하기 껄끄러워 외면하고 피해왔던 문제들을 제기하고 서로 간의 입장을 정리하는 시간을 갖는 것이 필요하다. 가족과 싸우는 것보다 낫다는 생각에 당시는 참고 넘기지만 이런 문제들이 쌓이면 가족 전체를 위협할 수 있기 때문이다. 공유와 공감을 충분히 이루었다면 자연스럽게 문제를 제기할 수 있다. 설령 즉각적으로 문제가 정리되지 않더라도 문제를 제기한 것 자체만으로도 의미 있는 일이 된다.

문제를 제기하고 서로의 입장을 정리할 때도 지켜야 할 것이 있다. 반드시 겸양적인 말투로 상대방을 존중해야 한다. 소통 방식에서부터 갈등이 생기면 정작 해결해야 할 문제점을 조정할 수 없기 때문이다. 민감하거나 갈등의 소지가 많은 문제에 대해 대화할 때

가족 간의 기대 채우기

- • 각자가 좋아하는 것들의 목록 만들기
- – 과거 심각한 갈등을 야기했던 것들은 피한다.
- – 담배 끊기, 체중 줄이기 등 많은 노력이 필요한 것들은 피한다.
- – 구체적인 세부사항을 적는다. 예를 들어 '청소하기' 보다는 '매일 자기 방 정리하기' 라고 적는다.
- • 가족이 좋아하는 것 해주기
- • 내가 좋아하는 것 요구하기
- • 계약 맺기
- – 서로 만족했던 것을 바탕으로 얼마나 서로에게 자주 할 것인지 약속한다. 가족이 좋아하는 것을 찾아 함께해 보기
- • 5~6주 실시하기
- • 현실 인정하고 받아들이기
- – 구성원이 지키지 않을 때는 그 자체를 인정하고 기대를 포기하며 다른 대안을 강구한다.

	나를 즐겁게 해주는 것	가족을 즐겁게 해주는 것	내가 바라는 것	계약 맺기
사례	-요리 솜씨 칭찬하기 -자기가 본 책 정리하기 -한 달에 한 번 외식하기 -저녁시간 지키기	-맛있는 저녁식사 -잘 다려진 와이셔츠 -집안 청소 -웃는 얼굴 -시부모님 방문하기	-저녁시간을 지키거나 미리 전화하기 -음식이 맛있다고 말하기	-일주일에 두 번 이상 가족과 식사하기 -두 달에 한 번 외식하기, 한 달에 한 번 시부모님 방문하기
실행				

*출처 : 버지니아 사티어(2003), 《아름다운 가족》, 창조문화

는 말의 형식이 중요하게 작용한다. 또 부부간에 대화를 할 때는 상대의 과거를 들먹인다거나 상대의 집안을 비난하는 말을 해서는 안되며, 또 반말이나 비속어를 사용해서도 안 된다.

가족이 서로 화합해 변화를 이루는 일은 라디오 주파수를 맞추는 것과도 같다. 지글거리는 단파 같은 각자의 생각을 서로 맞추어나가면서 선명한 음질의 주파수에 도달할 때까지 노력하는 것이다. 이런 과정은 가족 간의 기대 채우기를 통해 이룰 수 있다. 작은 일이지만 가족 간의 업무를 분장하고 서로의 요구사항을 들어주는 일종의 조율이며 협상 과정이라고 할 수 있다.

가족의 변화를 확인하라

가족의 변화를 확인하고 싶다면 다음 세 가지를 눈여겨보도록 하자.

첫째는 갈등의 해결 방법이다. 가족 간에 갈등이 전혀 없을 수는 없다. 중요한 것은 갈등이 생겼을 때 회피하지 않고 합리적으로 해결하느냐 하는 점이다. 어떤 가정은 문제가 발생하면 기본적인 생활의 틀이 무너지기까지 한다. 문제에서 도피하기 위해 술을 마시고 늦게 들어오는 남편, 그런 남편이 밉다고 아침밥도 하지 않는 아내, 또 그런 부모가 실망스러워 밖으로만 나도는 아이들. 아무리 문제가 발생하고 가족 간에 다툼이 있더라도 가족이라면 최소한의 자기 역할은 지켜야 한다.

둘째는 대화의 정도다. 이때는 궁금한 것에 대해 일방적으로 질문하지 않고 상대방의 입장에서 맥락을 이해하면서 대화하고 있는지 살펴본다.

셋째는 가족 간에 공통의 관심사를 가지고 있는가 하는 점이다. 주말에 여행을 한다거나 운동이나 취미 등을 함께 즐기는 등 가족이 함께하는 시간을 갖는지 점검해 보자. 이 세 가지 것들을 제대로 실천하고 있다면 가족의 변화가 비교적 잘 이루어지고 있는 셈이다.

그러나 발전이 매번 단계적으로 이루어지지는 않는다. 긍정적으로 변화하는가 싶다가도 예상치 못한 변수가 생기면 오해와 갈등은 다시 슬며시 고개를 쳐들기도 한다. 하지만 흑백논리로 갈등이 없는 가정은 좋고, 갈등이 있는 가정은 나쁘다고 단정 지을 수는 없다. 갈등이 발생했을 때 어떻게 대처하고 극복하는지가 더 중요하다. 가족은 운명 공동체이기 때문에 어떤 문제든 파국을 맞으면 가족 구성원 모두가 불행해질 수 있다는 전제가 각자의 마음속에 있어야 한다. 앞에 제시한 각 단계를 실천했다면 위기가 생겼을 때 상대적으로 더 쉽게 이해하고 극복할 수 있을 것이다. 만약 당신의 가정에 위기가 닥쳤다면 다음의 매뉴얼을 적극 활용해 보자.

첫째, 당사자의 이야기를 충분히 듣고 이해한다. 문제를 야기한 행동 자체에는 화가 나더라도 문제와 당사자를 분리해 생각하도록 한다. 상대가 왜 그런 행동을 했는지 상황에 대해 충분히 이야기를 듣고 이해하도록 노력한다. 이때 명심할 것은 이해와 용서는 엄연히 다르다는 사실이다. 역지사지의 마음으로 이해는 하되 덮어놓고 용서하거나 한 번 봐준다는 식으로 대응하면 같은 상황을 맞닥트렸을 때 더 큰 갈등을 빚을 수 있다.

둘째, 문제를 지적하는 인터뷰를 한다. 가족 구성원의 문제점을 지적하고 왜 그렇게밖에 할 수 없었는지 묻는다. 차분하게 다른 가족이 내 문제를 지적하고 이야기하면 화를 내며 야단을 치는 것보다 훨씬 자극이 크다. 그러나 이때 상대방을 비난하거나 추궁하지 않아야 한다. 문제를 일으킨 당사자의 행동이 가족 전체에 어떤 불이익을 가져다주는지 자세히 설명하고 이해시켜야 한다.

셋째, 문제를 발생시킨 당사자에게 패널티를 준다. 또다시 같은 문제를 일으킨다면 그때는 어떤 처벌을 내릴지 함께 의논해서 결정한다. 이때 당사자는 모면하고 싶은 급한 마음에 지키지도 못할 약속을 쉽게 해버리는 경우가 많다. 이는 실전 의지를 더 흔들리게 할수 있으므로, 당사자가 받아들이고 지킬 수 있는 선에서의 패널티를 주도록 한다. 정당하게 벌을 주는 것과 화풀이를 하는 것에는 분명 차이가 있다. 가족들이 자신에게 화풀이를 한다고 느낀 당사자는 자신의 잘못을 깨닫지 못한다.

살다 보면 가족 간의 갈등은 일상의 부분처럼 수시로 발생한다. 이처럼 갈등이 삶의 피할 수 없는 또 하나의 요소라면 현명하게 극복하는 법을 터득해야 할 것이다. 가족이라는 이름으로 서로를 함부로 대하고 있지는 않은지 수시로 자신을 돌아봐야 한다. 또 반대로 가족이니까 무조건 봐준다거나 그냥 "좋은 게 좋은 거지, 뭐" 하며 넘어가다 보면 눈덩이처럼 불어난 엄청난 위기를 피할 수 없다.

힘들고 긴 인생의 여정 속에서 믿고 의지할 첫 번째 대상은 바로 가족이며, 가정은 에너지 충전소다. 세상은 점점 더 빠르게 변화하고 그만큼 우리에게 더 많은 것을 요구한다. 그런 요구 속에 우리 스스로 발전하기 위해서는 가정의 안정과 원활한 소통이 기본이 되어야 한다. 가정이 또 다른 직장이 아닌 삶의 휴식처이자 새로운 출발을 위한 힘의 원천이 되려면 가족의 소중함과 필요성을 스스로 느껴야 한다. 그러기 위해서는 나 자신부터 모범을 보여야 한다. 서로의 영역을 인정하며 가족 공통의 가치를 존중하는 일이야말로 진정한 변화의 시작이다.

갈등 관계에 있는 사람과의 변화

갈등을 유발하는 조건들을 파악하라

갈등은 서로 다른 욕구들의 충돌로 인해 발생된다. 두 가지 욕구가 동시에 발생해서 서로 양립힐 수 없을 때 우리는 난처한 상황에 처한다. 비근한 예로, 연휴에 아내는 교외로 나가 기분 전환을 하고 싶고 남편은 집에서 쉬기를 원한다. 이때 갈등이 발생한다.

미국의 심리학자 해리슨(A. A. Harrison)은 《사회과학으로서의 심리학》이라는 저서에서 갈등을 '상호 의존적 관계를 형성하고 있는 최소한 두 명 이상의 당사자들이 서로 양립 불가능한 목표를 지니고 있을 때, 각자의 목표를 추구하는 과정에서 발생하는 충돌'이라고 정의했다.

정의에서도 알 수 있듯이 갈등은 세 가지 조건을 필요로 한다. 첫째 조건은 상호 의존적 관계다. 갈등이 생긴다는 것은 서로 관계가 있다는 증거다. 그렇기 때문에 많은 시간을 함께 보내는 소중한 사람들과 발생하는 경우가 대부분이다. 정말 사랑해서 결혼한 부부, 한 직장에서 10여 년을 같이 근무한 직장 상사나 동료 등 오래 알고 지낼수록 더욱 관계가 좋아질 법한 관계의 사람들과 오히려 더 큰 갈등이 발생된다. 그만큼 관계가 긴밀하다는 반증이다. 또한 새롭게 관계를 맺고자 하는 사람과도 갈등이 생기기도 한다. 사업 파트너나 직장 동료, 친구 등 새롭게 관계를 맺기 시작하는 관계에서는 각자의 기대와 요구치가 다르기 때문에 갈등이 발생할 수 있다. 특히 이미 관계가 깊은 사람과는 갈등이 생겼다고 해서 관계 자체를 단절할 수도 없는 일이기 때문에 갈등은 반드시 해결해야 할 과제다.

두 번째 조건은 양립 불가능한 목표다. 이해관계나 견해, 목표, 아이디어 등이 서로 다를 수밖에 없다는 데서 대부분의 문제가 발생한다. 각자 한정된 시간과 능력에 따라 추구하는 서로의 목표가 충돌하는 시점에서 갈등이 발생한다. 각자가 최선이라고 생각하는 기준이 다르기 때문이다. 이는 서로의 신념이 충돌하는 상황으로까지 나아가기도 한다. 그쯤 되면 갈등은 더욱 증폭된다. 서로 이해하고 합의하는 분위기가 조성되면 이내 갈등이 해결되겠지만 각자의 목표에는 자기만의 자존심까지 포함되어 있어서 해결이 쉽지 않다. 목표를 조율하기보다 내 것을 이루겠다는 기싸움으로 확대되기도

한다. 이는 상대를 배려하기보다는 방해하거나 간섭하는 양상을 띠기 때문이다.

갈등을 만들어내는 마지막 조건은 서로 다른 커뮤니케이션 방식이다. 불만을 제때 표현하지 않으면 스트레스가 되고, 잘못된 방식으로 표출하면 갈등이 된다. 동일한 메시지도 커뮤니케이션 방법에 따라 그 의미가 달라진다. 또 문제가 발생했을 때 어떻게 대처하는지 커뮤니케이션 표현 방식이 달라 갈등이 발생하게 된다. 문제를 조율하기 전에 조율의 도구인 소통 방식에서부터 이미 갈등을 겪게 되는 것이다. 자기의 입장만 이야기하는 사람끼리는 갈등이 해결될 수 없다. 이때는 대화 순서를 정하고 서로 간의 커뮤니케이션 방식을 파악할 수 있는 과정이 필요하다. 결국 갈등도 대화를 통해 해결해야 하기 때문에 소통 방식에 대한 합의와 조율은 필수다.

갈등도 진화한다
(갈등의 6단계)

갈등은 매우 역동적이다. 갈등을 제어하지 못하면 파국으로 이어져 두 사람의 문제를 넘어 사회문제로 확대된다. 작은 말다툼으로 시작된 가정불화가 방화로 이어지거나 끔찍한 범죄를 불러오는 경우를 우리는 뉴스를 통해 어렵지 않게 보고 듣는다. 하지만 점점 진화하는 갈등의 패턴과 구조를 이해한다면 해결하는 데 많은 도움을 얻을 수 있다.

갈등 단계의 대표적인 이론으로 미국의 심리학자인 라파포트(A. Rapaport)의 '갈등 3단계'와 글라슬(F. Glasl)의 '9단계 이론'을 들 수 있다. 이를 바탕으로 더 현실적으로 '갈등의 진화 6단계'를 정리해 보았다.

경직 단계

첫째는 갈등의 촉발인 경직화 단계로, 그동안 관계를 가지고 있던 사람들과의 의견 차이를 확인하는 순간이다. 소통 방식이든, 각기 다른 목표든, 욕구 충돌이든, 상대가 나와 다르다는 것을 발견하는 순간 그것이 나에게 해가 될 수 있다는 느낌을 받게 된다. 예를 들어, 평소 친하게 지내던 후배가 승진을 했을 때 축하하는 마음보다 내 자리가 위협당하고 있다는 피해 의식이 먼저 생긴다거나 수시로 걸려오는 아내의 전화가 자신을 체크하거나 압박하고 있다고 느끼면 곧 갈등이 시작된다는 암시다.

논쟁 단계

둘째는 서로 다르거나 서운하게 느껴지는 부분을 조율하기 위해 문제를 제기하고 대화를 시작하는 시기로 논쟁의 단계이다. 하지만 시간이 지나면서 대화는 점차 논쟁으로 변한다. 그러면서 흑백논리를 적용하고 모든 것을 자기중심적으로 판단한다. 첫 번째 단계에서 이미 서로 입장이 다르다는 사실을 확인했기 때문에 조율이 어렵다.

이 단계를 통해 누가 우월하고 열등한지를 느끼게 되고 이는 곧 다음 단계로 넘어가는 연결고리가 되고 만다. 더 이상 갈등을 촉발하지 않기 위해서는 이 단계에서 오해 없는 소통이 이루어져야 하는데, 자존심 싸움이 되어버린 이상 갈등을 끝내기는 어렵다.

감정 혼란 단계

논쟁을 통해 서로의 입장 차이를 확인하면 서로의 감정은 매우 혼
란스러워진다. 그동안의 일들에 배신감을 느끼게 되고 부정성 효과
가 발휘된다. 그러고는 상대의 모든 일을 폄하하고 오해하기에 이
른다. 이제 더 이상 상대와의 관계가 자신에게 도움이 되지 않는다
는 인식이 확고해지는 것이다. 그러면서 어떻게 상대를 제압할 것
인지를 고민한다.

세력화 단계

넷째는 상대를 점점 미워하며 약점을 찾으려 애쓰거나 제3자에게
상대의 이야기를 부정적으로 전달하기 시작하는 시기다. 어린아이
들은 자기와 의견이 다른 아이를 따돌리기 위해 사실을 부풀리거나
왜곡하는 경우가 많은데, 이것이 바로 세력화 단계다. 다른 사람들
도 그를 미워하도록 유도하는 것이다.

갈등 심화 단계

다섯째는 갈등이 깊어져서 더 이상 회복이 어려운 단계로 진입하는
시기라고 볼 수 있다. 이때 직접적으로 상대를 비난하고 공격한다.
자신이 가진 권력과 자원을 최대한 활용해 상대에게 피해를 주고자
하는 것이다. 갈등은 더 깊어져 자신이 피해를 보더라도 괜찮다는
생각을 하게 된다.

공멸의 단계

마지막은 관계가 무너지는 공멸(共滅)의 단계다. 서로 간의 피해주기는 둘만의 문제로 그치지 않고 관계된 주변 사람들에게까지 영향을 끼친다. 결국 주변의 많은 사람들이 곁을 떠나게 된다. 갈등 관계에 있는 두 사람의 관계뿐 아니라 주변 사람들과의 관계까지 망치는 치명타를 입는다.

갈등이 이처럼 6단계 과정을 모두 거치지는 않지만 단계별 과정을 알고 있으면 적절한 대응을 세우는 데 도움을 얻을 수 있다. 둘 사이에 소통이 잘 이루어지고 있다면 '논쟁 단계'에서 조율과 조정을 통해 갈등을 최소화하거나 해결할 수 있다.

앞에서도 수차례 강조했듯이 소통은 자신의 의견을 주장하는 것이 아니다. 나의 것을 버리고 포기할 때 이루어지는 것이다. 내 의견과 생각, 신념을 버리지 않고 갈등을 해결하겠다는 것은 서로의 입장 차이를 확인하는 일일 뿐이다.

코칭은 갈등으로 인해 서로의 관계가 무너지는 것을 막는 일이다. 그렇다면 갈등의 각 단계에서 효과적이고 즉각적인 코칭이 필요하다. 하지만 문제는 바로 내가 갈등의 당사자인 경우가 많다는 것이다. 그렇기 때문에 적어도 갈등의 단계를 이해하고 이 갈등이 어떤 문제를 불러올지를 미리 알고 있는 것은 코칭에 큰 도움이 된다. 이제 본격적으로 갈등을 빚고 있는 사람과의 관계 변화를 위한 실전으로 들어가 보도록 하자.

갈등을 재구성하라

갈등의 해결을 원한다면 먼저 갈등을 받아들이는 마음가짐부터 바꿔야 한다. 우리는 대화를 하다가 종종 감정적으로 치달아 문제 해결은커녕 상황을 더 악화시키기까지 한다. 하지만 갈등은 어떤 상황에서든지 일어날 수 있는 자연스러운 현상이다. 그렇기 때문에 무조건 상대방의 잘못을 비난할 것이 아니라 그렇게 할 수밖에 없는 상대방의 피치 못할 상황을 존중하고, 감정과 문제를 분리하려는 노력이 필요하다.

서로의 차이를 인정하기 위해서는 관찰이 우선시되어야 한다. 특히 조직 안에서 갈등이 촉발될 경우 상대를 예단하거나 추측하는 경우가 많다. 이때 무엇보다 상황을 객관화하려는 노력이 필요하다. 다음의 표는 상대에 대해 더 자세히 알 수 있는 데 도움을 준다.
간단한 메모를 통해서 다시 한 번 상대방에 대해 알아보도록 하자.

- 취미 :

- 좋아하는 것 :

- 싫어하는 것 :

- 고민, 걱정거리 :

- 하루 일과 :

- 잘하는 것 :

- 부족한 것 :

- 상대방과 나의 공통점 :

- 공통의 관심 분야 :

〈갈등 상대 관찰하기〉

또 갈등이 시작되면 당장의 감정에 휩쓸려 사건을 객관적으로 보
기 어려워진다. 그럴 때는 갈등이 야기된 사건을 다시 한 번 재구성
해 보는 것도 좋은 방법이다. 일기나 수필, 낙서 등 형식은 상관없
다. 상대와의 갈등이 왜 야기되었는지 담담하게 글로 옮기다보면
실마리를 찾을 수 있다.

갈등이 촉발된 계기는?

－ 장소 :

－ 시간 :

－ 내용 :

－ 상대의 주장 :

－ 나의 주장 :

－ 근거의 타당성에 대한 솔직한 나의 생각 :

－ 갈등 후 드는 느낌 :

갈등 전 그에게 가진 감정은?

〈갈등 재구성하기〉

감정에 휩쓸리면 사람들의 행동은 매우 충동적으로 변한다. 준비 단계는 바로 그 감정의 소용돌이에서 빠져나오는 과정이라고 할 수 있다. 하지만 이 과정에서 신중하게 왜 갈등이 해소되기를 바라는가를 깊이 고민해야 한다. 혹시라도 갈등 해소가 자신이 바라는 바를 얻고자 하는 이기적인 마음이나 상황을 모면하기 위한 임시방편이라면 당장은 해소된 것 같아도 곧 다시 문제가 불거지게 마련이다.

상대의 입장을 이해하고 배려할 때 진정한 소통이 가능하다. 여러 가지 방법을 동원한다면 얼마든지 상대의 마음을 돌려놓을 수는 있다. 하지만 내 욕심을 채우기 위해서라면 근본적인 문제는 결코 해결되지 않는다.

대화를 시도하라

상대를 충분히 관찰하고 갈등을 객관화해 재구성했다면 이제는 상대와의 대화 횟수를 늘릴 차례다. 자연스러운 분위기 속에서 날씨, 스포츠, 경제 등 상대와 공감대를 형성할 수 있는 가벼운 주제로 대화를 시도해 보자. 이때 상대가 적대감을 드러내거나 의아한 눈빛으로 바라봐도 개의치 말자. 이런 반응은 어찌 보면 당연하다.

"요즘 프로야구가 인기던데, 경기장에는 가보셨나요?", "눈이 참 많이 왔네요. 혹시 스키 탈 줄 아세요?" 등 상대방의 가치관이나 주관과 상관없이 대답할 수 있는 부담 없는 질문을 던진다. 이런 식의 질문과 대화는 관찰할 때와는 또 다르게 상대의 새로운 모습을 발견할 수 있다. 상대의 인간적인 면과 관심사를 알고 난 후 갈등의 원인을 생각해 보면 새로운 접근이 가능하다. 즉, 서로의 갈등 관계에서 벗어나 상대의 입장에서 문제를 바라볼 수 있게 된다.

갈등이 진행되었을 때 문제의 핵심을 건드리면 감정이 앞서기 때문에 갈등이 오히려 심화될 수 있다. 따라서 단계적으로 접근해야 한다. 준비 단계가 나의 입장에서 상대를 관찰하는 것이라면 관심 단계에서는 말 걸기를 통해 다른 시각에서 상대방의 모습을 보는 것이다. 상대방에 대해 알려고 하면 할수록 이해 또한 깊어지는 법이다.

공유할 수 있는 시간을 마련하라

공유와 공감은 함께하는 시간을 늘려 서로의 공통적인 부분을 확장하는 것이다. 또한 서로가 하나가 되는 것이 아니라 각자의 차이를 인정하고 공통적인 부분을 늘려나가는 것이다. 먼저 갈등 대상을 식사에 초대해 보도록 하자. 만약 상대가 식사 초대를 거절한다면 순순히 받아들여라. 그리고 정중하게 일주일 뒤 다시 식사에 초대해 보자. 아마 식사를 중요시하는 우리의 정서상 상대방도 더 이상 거절하지 못할 것이다.

함께 식사하는 행위는 공감대 형성에 매우 효과적이다. 대등하게 식사를 하다보면 자연스레 공통의 관심사가 생기기 마련이다. 음식, 건강, 일상 등의 이야기를 나누다보면 자연스럽게 갈등 요인인 민감한 문제에까지 주제가 확장될 수 있다. 이때 배려심이 깔린 겸양적인 말투로 끝까지 정중함을 잃지 않고 조심스럽게 말해 보자. 어디까지나 자신이 코치라는 사실을 명심하자.

보통 사람들은 상대보다는 나의 입장에서 자신의 언어로 말하는 데 익숙하다. 그래서 구체적으로 맥락을 짚어가며 갈등의 요인들을 하나씩 풀어나가야 한다. 또 갈등에 대해 말하다 보면 상대의 감정이 점점 격앙되는 경우가 있다. 그럴 때는 그냥 묵묵히 이야기를 들어주는 것이 현명한 소통 방법이다. 귀로 듣고, 몸으로 공감을 표현하고, 마음으로 느낌으로써 상대가 감정의 모든 찌꺼기를 털어내도록 돕는다. 자신의 입장을 전달하지 못한 것에 대해 안달하거나 조급해할 필요는 없다. 상대의 이야기를 듣는 것만으로도 충분하다.

나는 상대를 이해하는 다양한 정보를 얻었고, 상대는 나의 배려를
진심으로 느꼈을 테니 말이다.

서로의 입장 차이를 조율하라

이제 갈등 요인을 바라보는 자신의 시각에 어떤 변화가 생겼는지
알아보자. 다음 표를 작성함으로써 이전과는 다른 시각을 갖게 되
었음을 알 수 있을 것이다.

갈등 사안	원래 생각	상대 표현 (해명)	역지사지 (왜 그랬을까)	현재 생각
1				
2				

〈상대방과의 관계 변화 측정하기〉

이제는 더 적극적인 대화와 조율이 필요하다. 앞서 언급한 갈등을 줄이는 대화의 기술을 적용해 보자. 그동안은 상대의 입장을 파악하기 위해 들어주는 입장이었지만 이제는 자신의 생각을 더 효과적으로 전달하는 데 집중한다. 이때는 상대방과 문제를 분리해서 그 문제에 국한지어서 객관적으로 이야기하도록 해야 한다. 또 상대가 그 문제에 대해 하는 이야기를 경청하고, 자신의 논리와 근거를 겸양적인 어투로 차분하고 명확하게 전달한다. 갈등 사안을 하나하나 짚어보는 것도 중요하다. 그 과정에서 합의점을 도출해내야 하기 때문이다. 이때 가능성 있는 해결책을 모두 끌어내 머리를 맞대고 고민하는 시간이 필요하다.

재판에는 조정 과정이라는 것이 있다. 정식 재판 이전에 갈등을 줄이고 합의하는 과정이다. 원고, 피고 모두에게 이로운 과정이지만 쉬운 일은 아니다. 양측 간의 생각의 차이뿐 아니라 갈등의 골도 깊어진 상태이기 때문이다. 판사들도 이 조정이 가장 어렵고 힘든 과정이라고 말한다. 그 과정은 커뮤니케이션의 상호 교섭적 관점으로 이루어진다.

피의자의 이야기를 충분히 듣는다.→질문을 통해 피의자의 의견을 객관적으로 정리한다.→피해자의 이야기를 충분히 듣는다.→질문을 통해 피해자의 의견을 객관적으로 정리한다.→판사가 둘의 공통된 부분을 제시한다.→다시 피의자와 피해자의 의견을 듣는다.

마찬가지로 코치는 판사의 역할을 담당해야 한다. 판단하라는 것이 아니라 공통 부분을 극대화하라는 의미다. 자신이 조금 손해를 보더라도 상대와의 관계가 회복되고 서로 변화될 수 있다면 결국 나에게 좋은 일이라는 믿음을 가져야 한다. 이런 단계를 반복하며 적극적으로 접촉을 시도함으로써 상대에게 자신의 진정성을 보여주어야 한다. 상대가 자신의 이야기(갈등과 관련된 그동안의 고민, 힘든 점, 자신만의 입장 등)를 시작했다면 이는 어느 정도 마음의 문을 열었다는 증거다. 이때 나 역시 상대를 향해 마음의 문을 활짝 열어 보임으로써 답례의 뜻을 전한다.

자기 노출은 갈등 관계에 있는 사람과 친밀도를 높이는 데 매우 효과적이다. 명연설가들의 연설문을 보면 빠지지 않고 등장하는 것이 바로 자신의 경험담이다. 실행 단계에서는 가능한 자신의 이야기를 많이 하는 것은 좋다. 하지만 지나치지 않도록 적절히 조절한다. 너무 앞서 자신의 이야기에 열을 올리다보면 상대방은 열었던 마음을 황급히 닫을 수 있다. 예를 들어, 가족 이야기를 꺼냈을 때 상대도 덩달아 가족 이야기를 한다면 더 내밀하게 이야기를 이어가도 좋지만 그렇지 않다면 적절한 선에서 마무리할 줄 아는 센스가 필요하다. 반대로 상대가 자녀 교육 이야기를 꺼낸다면 그에 맞는 자신의 이야기를 하거나 호응을 해주어 대화를 이끌어가도록 한다.

이때 소통 방식에도 지켜야 할 적절한 선이 있다는 것을 잊어서는 안 된다. 어느 추운 겨울날, 두 마리의 고슴도치가 있었다. 그날 따라 유난히 기온이 낮아 두 마리는 체온을 나누기 위해 서로에게 다가갔다. 그런데 체온을 나누기도 전에 서로의 가시에 찔리고 만다. 깜짝 놀라 서로에게서 멀어지자 다시 추워진다. 고슴도치들은 몇 차례의 시행착오를 거쳐 결국 서로 간의 적절한 거리를 찾는다. 이것이 바로 대인 관계의 황금률을 알려주는 쇼펜하우어의 '고슴도치의 가시' 이야기이다. 이렇게 관계를 맺는 당사자들 관계는 항상 적절한 거리를 유지해야 한다.

갈등을 조율할 때 도움이 되는 몇 가지 방법을 소개하면 다음과 같다. 우선 공동으로 해야 하는 일 중 나눌 수 있는 것이라면 미리 분담하는 것이 효과적이다. 프로젝트에서 기획안을 쓰는 것은 각자 하고, 취합하는 것은 A가 하고, 프레젠테이션은 말을 잘하는 B가 하게 하는 식으로 각자의 역할을 미리 정해두면 일에 혼선이 생기거나 책임을 떠넘기는 등의 갈등을 방지할 수 있다.

만약 일을 추진하는 도중에 갈등이 불거졌다면 우선 상대방의 해결 방법을 들어본 후 자신의 방법을 제시하는 것이 좋다. 무조건 자신의 주장만 내세우면 의견을 조율하는 데 많은 시간이 들어 해결 시점을 놓칠 수 있다. 이렇게 각자의 방식을 모두 적용해 보고 시행착오를 겪어 더 적합한 방식을 수용하게 되면 문제 해결도 빠를 뿐더러 효율적이다. 만약 자신의 방법에 확신이 있을 때는 보상 심리를 활용해 상대방에게 문제가 해결된 후 어떤 혜택을 줄 것이라는 약속을 하는 것도 한 방법이다.

〈평가표〉

항목	Before	After
만난 횟수		
노력의 진정성		
나의 변화된 점		
상대의 변화된 점		
인간적 호감도		
상대 이해		

〈평가표〉

객관적으로 평가하라

갈등에 대한 평가를 통해 어떤 부분을 보완하고, 수정해야 할지 고민하는 시간을 갖도록 하자.

머릿속으로만 정리하던 습관에서 벗어나 이렇게 직접 표를 작성함으로써 상황을 더 객관화하는 것이다. 이런 방법은 사람과 갈등 사안을 분리해 차분하게 바라볼 수 있도록 도와준다. 냉정한 평가를 통해 변화의 현재 위치를 파악할 수 있다.

최선을 다해 노력했는데도 상대가 나의 진심을 받아들이지 않는다면 그때는 더 이상의 노력을 기울이기보다 포기할 것을 권한다. 예수 역시 사람들을 피하거나 특정 지역을 그냥 지나칠 때도 있었다. 이때의 포기는 부정적인 의미가 아니다. 세 차례 정도에 걸쳐 진심 어린 코칭을 시도했는데도 상대와의 관계가 오히려 악화되었다면 그것은 상대에게 문제가 있다는 뜻이기 때문이다. 그는 당신의 노력을 이해하지 못하고 있다. 그런 사람을 상대로 계속해서 진심을 보여주는 일은 자신을 피폐하게 만들 뿐이다. 씨를 뿌리는 마음으로 시도는 하되, 그 이후 변화의 몫은 상대방의 몫으로 남겨두자.

분노는 불통(不通)에 대한 신호

운전 도중 차 한 대가 갑자기 끼어들자 평소 사용하지 않던 욕설이 쏟아져 나오고 화가 머리끝까지 치솟는다. 공부는 안 하고 게임에만 매달려 있는 아이를 혼내는 데 감정이 앞서 막말이 마구 쏟아져 나올 때가 있다.

이런 경험이 있다면 당신의 내면에 분노가 적채되어 있다고 할 수 있다. 참고 있던 분노가 한순간 폭발하는 것이다. 분노는 누구나 느끼는 감정이다. 특히 갈등이라는 관계 속에서는 더욱 그럴 수밖에 없다. 변화를 목적으로 하거나 코칭 과정에서도 순간순간 고개를 쳐드는 분노의 그림자를 떨쳐버리기란 여간 어려운 일이 아니다.

분노는 의사소통에 문제가 있다는 신호이기도 하다. 자신의 생각이나 마음과는 다르게 행동하면 내면에 분노가 쌓인다. 그렇기 때문에 마음의 소리에 귀를 기울여 일치적 소통을 하면 분노가 싹트지 않는다. 화가 난다는 것은 자신과의 소통에 문제가 있으니 스스로를 보호하라는 신호다.

매사추세츠대학의 심리학 교수인 제임스 에이버릴(James Averill)은 사람들에게 분노 경험을 회상해서 상세하게 기록하게 하는 연구를 진행했다. 그 결과 대부분의 사람들이 일주일에 수차례 이상 분노를 경험했으며, 친구나 사랑하는 사람의 잘못된 행동에 대한 반응인 경우가 압도적으로 많았다. 이는 무관한 사람보다는 나와 관계를 형성하고 있는 사람들을 대상으로 갈등과 분노를 느낀다는 것을 의미한다. 특히 상대의 행위가 계획적이고 부당하며 피할 수 있는 것일 때 공통적으로 나타났다. 이처럼 분노는 일상에서 늘 우리를 노리는 덫과 같다.

그렇다면 이 분노를 어떻게 표출하고 또 해소할 수 있을까? 분노를 표출하는 데도 지혜가 필요하다. 잘못된 표출은 오히려 분노를 가중시킬 수 있기 때문이다. 분노는 이를 일으킨 사람을 향해 표출해야 하고, 상식적으로 위험 수위를 넘지 않아야 한다. 예를 들어, 언쟁이 생겨 분노가 극에 달하더라도 심한 말을 하거나 폭력을 사용해서는 안 된다. 분노는 사회적 규범 안에서 이루어져야 한다.

하지만 이에 반하는 주장도 있다. 분노의 표출이 분노를 완전히 제거하지 못한다는 것이다. 반격한 후 몇 시간은 카타르시스를 느끼지만 분노의 표출은 근본적 해결 방안이 아니기 때문이라는 주장이다. 아이오와대학의 브래드 부시먼(Brad Bushman)은 "분노를 감소시키기 위해 그 분노를 표출하는 것은 불을 끄기 위해 가솔린을 사용하는 것과 같다"고 말한다. 간혹 텔레비전의 심리치료를 보면 자신을 화나게 만드는 대상을 생각하며 펀치 백을 치거나 몽둥이로 내리치는 경우를 볼 수 있다. 하지만 이는 사람을 더욱 공격적으로 만든다는 연구 결과도 있다.

이렇듯 분노 표출에 관한 의견이 분분하지만 학자들의 공통적인 견해는 적절히 표현해야 한다는 것이다. 분노가 발생하자마자 바로 행동하지 말고 잠시 기다려야 한다. 분노가 생기면 일단 우리는 이성이 마비되고 감정이 극으로 치닫기 때문에 일단은 잠시 기다리면서 마음의 여유를 찾을 필요가 있다. 그런 뒤 차분하게 분노를 표현한다. 혼잣말도 괜찮다. 그 다음 상대에게 적절히 표현하도록 한다. 무조건 참는 것은 화약을 쌓아두는 것과 같다.

만일 분노가 일상화되어 생활에 문제가 생길 정도면 더 적극적인 방법이 필요하다. 먼저 자신의 '분노 일지'를 기록하라. 하루 일과 중 분노를 느꼈을 때의 상황과 지속 시간, 신체적 변화, 반응 등을 기록하되 반드시 객관적으로 발생한 상황만을 기록한다. 이를 통해 자신이 얼마나 자주 그리고 강하게 분노를 느꼈는지 자각하게 된다. 이는 분노를 재구성해서 객관화하는 과정이라고 할 수 있다. 그리고 자각의 정도에 따라 분노를 조절하는 힘을 키울 수 있다.

다음은 집중해서 분노를 표현한다. 분노가 발생했을 때 일단 참았다가 분노를 표출하는 시간을 따로 갖는 것이다. 예를 들면, 하루 중 혼자 있는 시간에 분노를 내뿜는 것이다. 그리고 그 시간을 기록해서, 처음 일주일 동안은 한 시간, 다음 일주일은 50분, 그 다음 일주일은 40분 등으로 차츰 시간을 줄인다. 물리적 행동은 앞서 언급한 것처럼 공격적으로 발전할 수 있기 때문에 상식을 넘어서지 않도록 주의한다. 심호흡을 통해 마음을 안정시키는 것도 하나의 방법이다. 몸의 긴장을 풀고 단전까지 깊은 숨을 들이마셨다가 숨을 내쉴 때는 천천히 모든 감정의 찌꺼기를 쏟아내듯이 내뱉는다.

상대의 생각을 다 알고 있다고 여기지만 화가 나는 순간 우리의 관심은 오직 '상대가 왜 나한테 이럴까' 하는 생각뿐이다. 상대의 상황과 그렇게 행동한 이유 따위를 고려할 여유조차 없다. 하지만 내가 힘들고 화가 나는 것처럼 상대 역시 같은 상황이라는 점을 조금이나마 이해한다면 분노의 무게가 훨씬 가벼워질 수 있다. 분노를 관장하는 뇌와 기억을 담당하는 뇌가 같은 위치에 있어서 분노

<분노 일지>

항목	내용	비고
일시		
분노 대상		
상황		
장소		
지속 시간		
몸의 변화		
느낌과 생각		
반응과 행동		
지금의 생각		

<분노 일지>

244

를 적절히 해소하지 않고 담아두면 분노가 활성화되어 더 큰 문제를 일으킨다는 사실을 명심하자.

용서는 상대방이 아닌 나를 위한 것이다

'세상에서 가장 어려운 일 두 가지를 꼽으라고 한다면 죄를 짓지 않고 사는 것과 용서하는 것이다'라는 말이 있다. 그만큼 우리는 많은 잘못을 저지르며, 또 용서하는 것이 어렵다는 이야기이다. 용서가 어려운 것은 나는 잘못이 없고 항상 옳고 공정하다는 생각이 깔려 있기 때문이다. 그래서 상대를 이해하지 못하고 받아들이기 어려운 것이다.

용서에는 세 가지 종류가 있다. 피해자 입장에서 하는 용서와 가해자 입장에서 받는 용서 그리고 자기 자신에 대한 용서다. 중요한 것은 용서를 어떻게 받아들이느냐 하는 것이다. 우리가 가장 많이 하는 고민 중 하나는 용서를 했음에도 불구하고 상대가 계속해서 잘못을 저지르거나 내가 용서를 해주지도 않았는데 너무나 잘살고 있는 모습을 볼 때다.

영화 〈밀양〉에는 이 같은 상황이 잘 표현되어 있다. 영화 속 등장 인물인 어머니는 아들을 죽인 살인범을 용서하겠다는 어려운 결심을 한다. 그리고 큰 용기를 내 교도소를 가지만 범인의 얼굴은 너무나 평온하다. 하나님을 영접하고 용서를 받았다고 말하는 그 순간 어머니는 참을 수 없는 분노를 느낀다. '내가 용서하지 않았는데 누가 당신을 용서해'라며 울부짖는다.

이때의 용서는 조건적인 용서에 해당한다. 용서는 나에게 국한된 과정이다. 화해를 한다는 것은 서로가 동의하고 마음을 나눈다는 의미지만 용서는 나와 관련된 과정이다. 따라서 상대가 잘살든 말든, 반성의 기미가 있든 없든 상관없다. 용서는 전적으로 나를 위한 행위다. 단순히 잊어버리거나 너그럽게 봐주는 것이 아니라 미래를 향해 나아가며 자신을 사랑하는 방법이다.

용서도 훈련이 필요하다. 중요한 것은 역지사지, 측은지심의 마음으로 상대를 이해하기 위해 노력하는 과정이다. 우선 내가 받은 상처를 표현함으로써 나의 분노와 아픈 감정을 밖으로 분출시킨다. 그 다음 용서할 수 있는 마음이 생기도록 동기를 부여한다. 결국 나를 위해서라도 용서가 필요하다는 마음이 들도록 해야 한다. 물론 용서하지 않을 권리도 있지만 용서했을 때 나에게 더 큰 마음의 위안이 된다는 사실을 깨닫는 과정이다. 물론 용서란 어렵고 힘든 일이다. 하지만 나를 위해서라도 작은 것부터 용서하면 갈등이나 인간관계 때문에 겪는 수많은 문제들을 조금 더 수월하게 받아들일 수 있을 것이다.

개인의 변화는
조직에 날개를 달아준다

조직이 변해야 회사가 산다

기업들은 점점 더 빠른 변화를 요구한다. 그런 사회적 분위기 속에서 통제, 지시, 확인이라는 단선적이고 권위적인 예전의 방법들은 더 이상 의미가 없다. 많은 기업들이 커뮤니케이션과 리더십 향상을 위해 노력하는 것도 모두 그런 이유에서다.

'보스는 가라고 하고 리더는 가자고 한다. 하지만 코치는 왜 그곳에 가야 하는지 설득해 스스로 가게 만드는 사람이다' 라는 말처럼 이제 기업은 리더가 아닌 코치를 필요로 한다. 따라서 리더십도 당연히 변화해야 한다. 요즘은 트렌드에 맞게 경영자들의 필수 자질이 거래적(Transactional) 리더십에서 변혁적(Transformational) 리더십으로 바뀌고 있다.

거래적 리더십은 과거에 통용되던 것으로 직원들의 능률과 일의 성과를 올리기 위해 승진, 인정, 기회 제공 등의 보상 조건을 제시하고 이를 교환하는 리더십을 말한다. 반면 변혁적 리더십은 직원의 자기실현 욕구를 자극해 스스로 목표를 찾아가도록 만드는 리더십이다. 현대에는 이렇게 직원들의 자기실현이 조직의 성과로 이어진다는 것을 회사 차원에서 적극적으로 받아들이고 있다.

이런 변혁적 리더십 아래에서 능동적이고 자발적인 인재가 만들어지며, 조직의 구조 역시 유연해진다. 매슬로의 '5단계 욕구체계'에서도 알 수 있듯이 궁극적으로 자기실현 욕구를 추구하고, 실천하는 것은 최고의 경영이라고 할 수 있다. 그리고 이것이 변혁적 리

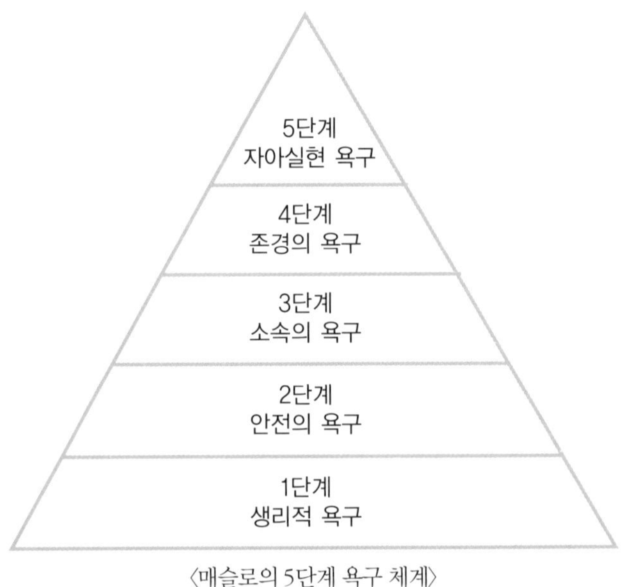

〈매슬로의 5단계 욕구 체계〉

248

더십의 본질이다.

예수의 코칭 기법은 변혁적 리더십을 바탕으로 한다. 현실적 목표를 향한 집착에서 벗어나 자기실현 욕구를 자극해 스스로 능동적으로 변화하도록 만들었다. 그는 이스라엘 사람들에게 로마로부터의 해방, 배고픔, 가난이라는 현실적 목표 이전에 자기 자신을 인정하는 자존감과 사랑을 실천하는 자아실현의 가치를 가르쳤다. 어부였던 베드로에게 사람들에게 메시지를 전하는 코치로서의 임무를 부여하고 스스로 변화하도록 도움을 준 것이 그 대표적인 예다.

또한 메시지에 따른 자발적 실천을 통해 제자들에게 모범을 보였다. 예수의 메시지를 이해한 제자들은 TF팀(두 명씩 짝을 지어 선교활동을 함)을 멋지게 수행했고, 예수가 떠난 뒤에도 조직의 유연성을 십분 발휘해 거대 조직을 만들었다.

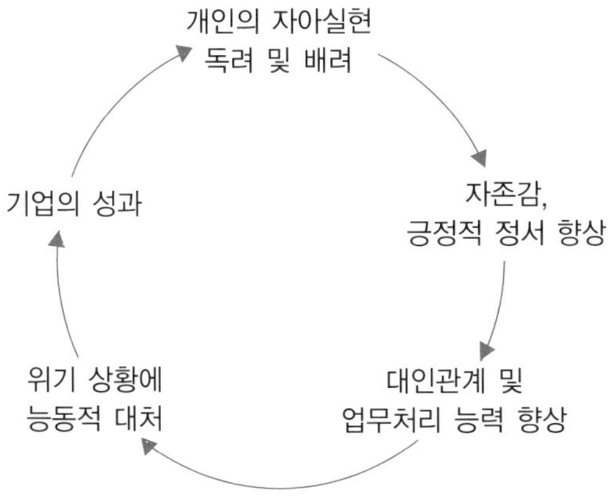

시시각각 변하는 기업 환경에 발 빠르게 대처하기 위해서는 자발적이고 능동적인 직원이 반드시 필요하다. 과거 제조업 중심의 환경에서는 개인의 역량보다는 개인이 속한 팀이 어떤 일을 수행하는지가 중요했다. 즉, 개인의 가치와 인격보다는 팀의 성과가 중요했다. 하지만 창조 경영과 변화가 핫이슈인 지금은 그런 사고로는 문제를 해결할 수 없다. 지시와 통제로 일하는 것이 아니라 창의적으로 생각하고 문제를 발견해 해결할 수 있는 능동성이 필요하기 때문이다.

개인 스스로 자아실현을 해나가는 과정은 자신을 믿는 자존감과 긍정적 정서를 키우는 과정이다. 중요한 것은 이런 긍정적 정서가 직원들의 대인 관계, 업무처리 능력, 의사 결정 등에 영향을 미친다는 것이다.

구분	주요 효과	연구자
대인 관계	타인에 대한 이해 증가 갈등 분노 감소	아이젠(Isen, 2001) 고트만(Gottman, 1998)
정보 처리	정보를 신중하게 평가, 처리 부적절한 정보 효과적 파악 새로운 정보와 경험 추구	애스핀월(Aspinwall, 1998) 프레드릭슨(Fredrickson, 2004)
의사 결정	호의적이고 긍정적인 판단 창의적이고 유연한 판단 효율적이고 보다 완전한 문제 해결	아이젠(Isen, 1987, 1993, 2001)
설득/협상	적대적 관계에서도 충돌을 피하고 해결책 제시, 협상을 즐김 일대일 상황에서 결과 좋음	카니발 & 아이젠 (Carnevale & Isen 1986)

*출처 : 〈커뮤니케이션 이론〉 5권 1호

〈긍정적 정서가 미치는 영향〉

개인의 희생이 조직의 이익이라는 권위적 구조에서는 지금의 변화를 감당하기 어렵다. 개인의 자아실현이야말로 결국 조직의 이익이 된다는 믿음이 필요하다. 따라서 조직에는 개인의 자아실현을 도와주는 예수 같은 코치가 반드시 필요하다.

조직에 필요한 것은 리더가 아닌 코치다

모 그룹의 전략기획부문을 맡고 있는 CEO는 연초에 각 부문을 맡고 있는 부문장에게 다음의 질문을 던진다고 한다. "올해 어떤 일을 할 것인가? 한다면 어떻게 할 것인가? 그리고 후에 그 결과를 어떻게 측정할 것인가?"

이런 질문을 던지고 각 부문장과 회의와 논의를 통해 그 질문의 답을 만들어간다고 한다. 일방적으로 목표를 정하고 지시하는 것이 아니라 각 분야의 자율성과 창의성을 인정해서 스스로 목표를 세우고 추진할 수 있도록 코칭하는 것이다. 빠른 변화 속에서 한 사람이 모든 것을 판단할 수 없다. 서로 간 코칭을 통해 목표에 세우고 격려하여 결과를 만들어가는 활력 있는 조직만이 성공할 수 있다. 그렇다면 기업 조직에서 코치는 어떤 자질을 갖추어야 할까?

벤젤(Wenzel)은 관리자가 코치로서 갖춰야 할 능력에 대한 몇 가지 조건을 제시한다. 첫째는 이슈 분석 능력으로, 개인의 장단점을 파악하고 목표를 수립하는 능력이다. 부하직원이 자기실현 욕구를 가질 수 있도록 동기를 부여하고 코칭의 각 단계별 평가를 담당해야 한다. 둘째는 경청 능력으로, 이를 통해 부하직원과의 의사소통이 가능해진다. 셋째는 부하직원이 자존감을 느낄 수 있도록 즉각적이고 구체적인 격려를 적재적소에 하는 능력이다. 마지막은 관계 형성 능력이다. 코칭을 이루기 위해서는 인간적인 유대와 신뢰가 깔려 있어야 한다. 그렇지 않으면 업무 보고의 연장선일 뿐이다. 또 가족의 근황이나 직장에서의 어려움, 변화, 여가 생활 등에 대해 묻는 것도 관심을 표현하는 하나의 방법으로서 부드러운 대화를 위해 좋은 방법이다.

이외에도 코치가 갖춰야 할 자질로 미국의 컨설팅 전문가 스토웰(Stowell)은 방향 제시, 개발, 수행 평가, 관계를 꼽았고, 굿먼(Goodman)은 지식, 관계 기술, 긍정적 태도를 꼽았다.

결국 조직에서의 코치는 감성적 리더십을 통해 상대가 스스로 발전할 수 있도록 도와주는 조력자다. 개인의 약점과 단점을 파악해 동기를 부여하고, 이를 바탕으로 장기 목표를 수립하도록 돕는다. 경청과 대화 등의 피드백으로 관계를 형성하고 부하직원에게 권한을 위임함으로써 직원 스스로 발전할 수 있도록 하는 것이다.

이런 원칙들에 근거해 경영학자 질리(Gilley)는 코칭의 4단계를 제시하기도 했다. 1단계는 관계 형성으로, 관리자와 직원 간의 협력적인 관계 형성 과정이다. 2단계는 성과 향상을 위한 코치로서의 활동, 즉 훈련을 시키고 경력 관리를 하며 직접 만나 상담하는 과정을 말한다. 3단계는 자기 주도적이고 자아 존중감을 갖춘 직원을 육성하는 과정이며, 마지막 4단계는 조직에 몰입하고 성과를 얻을 수 있는 적절한 보상을 선택하는 과정이다.

〈버티컬 리미트〉라는 영화를 본 적이 있다. 아버지와 아들, 딸이 음악에 관한 이야기를 나누며 즐거운 분위기 속에서 암벽등반을 하던 중, 위에서 등반하던 사람이 추락하며 이 가족을 덮친다. 그러면서 맨 위에 있던 아버지는 맨 밑으로, 아래에 있던 딸은 맨 위로 위치가 바뀐다. 아버지와 아들의 고정 폴이 풀려버리자, 딸의 고정 폴에 세 사람이 매달려 있는 상황이 되고 만다. 아버지는 냉정하게 상황을 파악한다. 딸이 고정 폴을 더 장착할 수 없는 상황이라는 현실을 파악한 아버지는 아들에게 "피터, 칼로 로프를 잘라라" 하고 말한다. 자신을 희생해서라도 아들과 딸을 살리겠다고 결심한 것이다. 로프를 자르지 말라는 딸의 비명에도 불구하고 아버지의 단호한 명령에 아들은 로프를 자른다. 끝내 아버지는 죽고 아들과 딸은 살아남는다.

영화 속 한 장면에서 우리는 진정한 코치의 모습을 엿볼 수 있다. 아버지는 딸과 아들에게 세 개의 고정 폴을 설치하라고 사전에 코치한다. 만약 딸이 두 개의 고정 폴만 설치했다면 이 가족은 모두 죽었을 것이다. 또한 아버지는 위기 상황에 처하자 재빠르게 상황을 판단했다. 그리고 냉정함을 잃지 않았다. 위기 속에서 돌파구를 찾아낸다. 상황 판단을 한 후 여의치 않자 아버지는 자기희생을 선택한다. 이런 결심은 쉽게 이루어지지 않으며, 우리는 아버지의 희생을 통해 평상시 가족 간의 신뢰가 얼마나 깊었는지를 가늠할 수 있다. 훈련, 상황 판단, 자기희생, 신뢰야말로 조직 코칭의 핵심적인 요소다.

제자를 훈련시킨 예수의 코칭법도 영화 속 아버지와 닮아 있다. 제자들에게 권한을 위임하고 매뉴얼을 제시하고, 체계적인 훈련을 시켰으며, 공동체 생활을 통해 신뢰를 쌓았다. 종국에는 자신을 죽이는 자기희생으로 메시지를 완성했다. 그런 과정이 있었기에 12명의 제자들이 거대한 조직으로 발전할 수 있었던 것이다. 조직의 발전은 내부에 인재를 키워내는 코치가 얼마나 있느냐 하는 것과 밀접한 관계를 맺는다. 앞서와 마찬가지로 예수의 5단계를 적용해 조직의 변화를 이끌어보자.

첫째 단계는 코치로서 자신을 돌아보는 준비 단계다. 과연 나는 기업의 가치를 공유하고 제대로 파악하고 있는지 돌아보고, 다른 사람과의 소통에 있어서 문제는 없는지 점검해 본다. 그 후에 부하직원의 강점과 단점을 관찰하고 파악한다. 직원이 가지고 있는 고민, 능력, 문제, 경력 등도 틈틈이 메모해 놓는다. 또한 그동안 각 직원과 어떤 관계를 유지했는지 스스로 점검한다.

둘째 단계는 부하직원에게 다가가 대화를 시도하는 관심 단계다. 이때는 무엇보다 경청 스킬이 필요하다. 조급한 마음으로 접근하기보다는 직원과 원활한 관계가 이루어질 때까지 기다리는 것이 좋다. 이때 상대가 드러내는 언어적, 비언어적 단서들을 세심하게 파악해서 문제점을 정확하게 체크한다.

준비 단계 (코치로서의 기본자세)

- 기업의 가치를 명확히 이해하고 있는가? ☐

- 관련 업무의 목표를 명확히 숙지하고 있는가? ☐

- 업무의 성취를 통해 자신감을 경험한 적이 있는가? ☐

- 상대를 배려하는 소통 기술을 가지고 있는가? ☐

단계	항목	비고
1단계 준비	팀원의 업무는 무엇인가? 다른 직원과의 관계는 어떠한가? 처음 입사했을 때의 각오는 무엇인가? 팀원의 특징은 무엇인가?(경력, 성격, 능력)	관찰과 조사를 통해 수집
2단계 관심	팀원만의 강점과 능력은 무엇인가? 팀원의 현재 고민은 무엇인가? 팀원은 경력은 어떠한가? 팀원의 약점은 무엇인가?	면담을 통해 확인
3단계 공유	팀원의 현재 목표는 무잇인가? 팀원의 장기적인 목표는 무엇인가? 팀원의 꿈은 무엇인가? 조직의 가치와 목표의 공유는 어느 정도인가?	
4단계 실행	팀 업무 훈련 및 매뉴얼 제공 자기 개발을 위한 조언과 여건 마련 경력 관리 업무 노하우 및 경험 제공	
5단계 평가	격려 및 성과 인정 보상 구체적 지적 팀원과의 관계성	

셋째 단계는 부하직원의 목표와 자기실현이 무엇인지 함께 생각하고 고민하는 공감 단계다. 장기 목표를 수립하도록 독려하고 스스로 자신의 일과 가치를 파악할 수 있도록 돕는다. 그러면서 깊고 폭넓은 공감대를 만들어간다. 이렇게 함께 고민해서 수립한 목표는 관리자나 부하직원 모두에게 책임감을 부여해 실행한 후 더 긍정적인 효과를 얻을 수 있다.

넷째 단계는 목표 달성을 위해 부하직원이 노력하도록 촉진하는 실행 단계다. 부족한 부분을 일대일로 훈련시키기도 하고, 과거의 경험을 제시하며 멘토를 자처할 수도 있다, 또는 면담을 통해 상대의 문제를 해결해 줄 수도 있다. 빼놓지 않아야 할 것이 직원의 경력을 관리해 주는 일이다. 상대가 자신의 목표를 이루기 위해 어떤 지식과 기술을 습득해야 하는지 방향을 제시해 주는 일은 직원의 자아실현을 독려해 주기 위한 첫단추다.

다섯째 단계는 격려와 인정을 통해 부하직원이 스스로 자존감을 느끼도록 하는 평가 단계다. 할 수 있다는 긍정적인 마인드를 바탕으로 문제점을 지적함으로써 상대가 자신 있게 실천할 수 있도록 돕는다. 또 성과가 있다면 그에 합당한 보상을 함으로써 동기를 부여한다. 원활한 소통을 통해 관계가 형성되면 각 단계의 흐름도 자연스럽게 이루어질 수 있다.

예수에게 배우는 TF팀 운영 전략

1단계 원칙과 목표 세우기

TF(Task Force)팀을 전략적으로 운영하기 위해서는 가장 먼저 원칙과 목표를 세워야 한다. 예수는 광야에서 금식하며 시험받는 과정을 자신의 원칙인 성경으로 극복했다. 스스로를 다잡을 수 있는 강력한 원칙을 세운 것이다. 조직의 임무가 명확하지 않으면 흔들리는 것은 당연하다. 다소 시간이 걸리더라도 명확한 비전과 목표를 세우도록 한다.

2단계 선발

예수의 관찰과 추천 제도를 활용한다. 예수는 메시지를 전하면서 고기 잡는 어부들을 보았고, 무화과나무 아래에 있는 사람을 관찰했다. 또한 베드로는 안드레의 추천을 통해 선발되었다. 이처럼 오랜 관찰과 추천을 통해 믿을 만한 사람들을 선발한다. 그 후 처음 선발한 12명의 제자가 안정된 후 72명을 추가 선발한다. 12명의 제자가 참모와 핵심 인재였다면 일반 제자 72명은 예수의 메시지를 직접 전파하는 실행 조직의 성격이 강하다. 예수는 72명을 자신이 갈 지역에 미리 보내서 상황을 파악하고 보고하도록 하였다.(누가복음 10:1) 자신의 메시지를 실천할 조직을 이중으로 구축했다고 볼 수 있다.

3단계 합숙

예수는 3년이라는 제한된 시간 속에서 제자들에게 자신의 가치를 효과적으로 전달하기 위해 공동체 생활을 택했다. 함께 생활하며 자신의 신적 혹은 인간적인 모습을 모두 보여준다. 이것이야말로 진정한 메시지 전달 방법이라고 할 수 있다. 합숙 방법은 적잖은 불편을 감수해야 한다는 어려움이 있는 반면 각 개인의 인격적 특성을 발견하는 데 더없이 효과적이라는 장점이 있다. 회사 내에서 논의를 하는 것보다 1박 2일로 워크숍을 가는 것이 더 효과적인 아이디어를 도출할 수 있으며, 더 나아가 팀원 간의 관계를 돈독히 할 수 있는 기회가 된다.

4단계 훈련

세부 매뉴얼 전달→권한 위임 (핵심 권한은 위임하지 않음)→두 명씩 임무 부여 (서로 의지할 수 있도록)→결과 보고→평가 후 메시지를 전함

예수는 제자들과 생활한 시간 중 약 3분의 2가 경과된 후 개인 임무를 부여한다. 하지만 무작정 제자들에게 임무를 부여하지는 않았다. 사람을 만날 때, 메시지를 전할 때, 숙식 문제 등의 제반 사항을 매뉴얼로 제시한 뒤 권한을 부여하는데, 병을 고치고 귀신을 쫓는 능력, 말씀을 전하는 능력을 줌으로써 제자들에게 힘을 실어준다. 단, 사람을 부활시키는 핵심 능력은 부여하지 않았다. 그리고 제자들이 서로 의지하도록 두 명씩 파견했으며, 돌아온 후에는 반드시 평가를 했다.

그 다음 부족한 부분을 비유를 통해 메시지를 전달했다. 누가 나중에 예수 옆에 앉을 것인지 제자들 간에 논쟁하는 부분이나 산에 기도하러 올라갈 때 특정 제자들을 데리고 올라가는 부분을 통해서도 알 수 있듯이 예수는 경쟁 시스템을 도입했다. 이는 제자들 간에 선의의 경쟁을 촉발시켜 각자 분발하도록 유도한 것이다.

5단계 평가 및 독립시키기

예수는 고단하고 긴 훈련을 마친 뒤 제자들의 발을 씻기고 식사를

나누며 세상에 남겨질 그들을 격려했다. 섬김의 리더십을 몸소 실천한 것이다. 그런 뒤 예수는 임무 완수를 위해 제자들의 곁을 떠난다. 이처럼 떠날 때를 아는 것 또한 좋은 코치가 지녀야 할 필수 요소다. 그렇지 못한 사람의 존재는 조직 성장에 방해 요소가 된다. 예수는 조직이 능동적으로 진화되기를 원했으며, 그런 목표로 제자들을 훈련시켰다. 아직 부족함이 많은 제자들이었지만 예수는 그들을 믿고 가차 없이 떠났다. 그리고 떠난 후에도 제자들을 방치하지 않았다. 세 번이나 나타나 확신과 메시지를 전달했다. 조직을 떠난 후에도 사후 점검하는 것을 잊지 않은 것이다.

변화의 시작은 바로 나

이 책을 쓰는 과정은 나 자신을 다시 한 번 돌아보는 코칭의 시간이었습니다. 부끄럽고 부족한 사람으로 이런 책을 쓰는 것이 큰 부담이었습니다. 하지만 부족한 나 자신의 모습을 인정하고 받아들이는 것이 중요하다는 생각에 용기를 내게 되었습니다.

물론 예수님의 일생과 말씀을 분석하거나 예수의 리더십을 다룬 책들은 이미 많습니다. 이 책에서는 예수님을 삶의 진정한 코치로 보고자 했습니다. 예수의 가르침은 시공간을 뛰어넘어 개인은 물론 나라와 민족을 변화시켰습니다.

이 과정에서 저 역시 자존감과 변화의 중요성을 깨닫게 되었습니다. 아무쪼록 이 책을 접하신 모든 분들이 삶의 작은 변화를 경험하시길 기원합니다.

　우리는 실패하고 좌절도 잘하지만 우리가 어떻게 노력하느냐에 따라 성장하고 변화할 수 있습니다. 변화는 바로 나 자신으로부터 출발한다는 믿음을 가졌을 때 시작됩니다. 사람을 변화시키는 코치는 누구나 될 수 있습니다. 중요한 것은 변화의 결과물보다 변화되는 과정 속의 감동과 떨림이 우리를 진정한 코치로 만들어준다는 사실입니다. 예수님을 만났던 사람들처럼 말이죠.

　성경 말씀 부분을 꼼꼼히 감수해 주신 제 인생의 코치 아버님과 백혈병으로 사경을 헤매던 상황에서도 저를 포기하지 않으시고, 태어나게 해주신 어머님께 이 책을 바칩니다.

　변화의 떨림과 감동을 느끼는 여러분이 되시길 기도하겠습니다.

2010년 3월
김은성

국립중앙도서관 출판시도서목록(CIP)

나를 변화시키는 지저스 코칭=Jesus coaching/ 김은성 지음
— 고양 : 위즈덤하우스, 2010
p. ; cm

ISBN 978-89-6086-247-0 03320 : ₩12000

자기 혁신[自己革新]

199.1-KDC5
158.1-DDC21   CIP2010000959

나를 변화시키는
지저스 코칭

초판 1쇄 인쇄 2010년 3월 22일   초판 1쇄 발행 2010년 3월 30일

지은이 김은성 **펴낸이** 신민식

출판 7분사_ 분사장 오연조
책임편집 황남상 **제작** 이재승 송현주

펴낸곳 (주)위즈덤하우스 **출판등록** 2000년 5월 23일 제13-1071호
주소 경기도 고양시 일산동구 장항동 846 센트럴프라자 6층 **전화** 031)936-4000 **팩스** 031)903-3891
전자우편 wisdom7@wisdomhouse.co.kr **홈페이지** www.wisdomhouse.co.kr
출력 (주)플러스안 **종이** 화인페이퍼 **인쇄·제본** 현문

ⓒ 김은성, 2010

값 12,000원   ISBN 978-89-6086-247-0 03320

*잘못된 책은 바꿔드립니다.

*이 책의 전부 또는 일부 내용을 재사용하려면 사전에 저작권자와 (주)위즈덤하우스의 동의를 받아야 합니다.